社会工作的
理论与实践应用研究

温佩佩 ◎ 著

北京工业大学出版社

图书在版编目（CIP）数据

社会工作的理论与实践应用研究 / 温佩佩著． —北京：北京工业大学出版社，2018.12（2021.5重印）

ISBN 978-7-5639-6597-7

Ⅰ．①社… Ⅱ．①温… Ⅲ．①社会工作－研究 Ⅳ．①C916.2

中国版本图书馆CIP数据核字（2019）第020588号

社会工作的理论与实践应用研究

著　　者：	温佩佩
责任编辑：	刘卫珍
封面设计：	晟　熙
出版发行：	北京工业大学出版社
	（北京市朝阳区平乐园100号　邮编：100124）
	010-67391722（传真）　bgdcbs@sina.com
经销单位：	全国各地新华书店
承印单位：	三河市明华印务有限公司
开　　本：	787毫米×1092毫米　1/16
印　　张：	8.25
字　　数：	165千字
版　　次：	2018年12月第1版
印　　次：	2021年5月第2次印刷
标准书号：	ISBN 978-7-5639-6597-7
定　　价：	39.80元

版权所有　　翻印必究

（如发现印装质量问题，请寄本社发行部调换 010-67391106）

前　言

社会问题伴随社会生活而存在，为了解决这些问题，从古至今，人们殚精竭虑，创设了各种制度和方法。当西方国家进入工业社会，各种社会问题频发时，现代的社会保障制度便应运而生，以各种社会保障制度为根基的社会工作也悄然萌芽，并逐步成为整合社会、缓解矛盾、提升民众生活品质的重要举措。

作为一门专业、一种职业和一项社会制度，从世界范围来看，社会工作是经济、社会发展的必然产物，伴随着工业化、城市化及现代化所引发的社会问题而产生。在现代社会中，社会工作已成为一个国家或地区用来解决社会问题、实施社会政策的有效手段。现在越来越多的人投入社会工作领域，然而社会上对于社会工作研究的书籍却不够丰富，使得他们缺乏专业的理论指导。在此基础上，笔者结合多年的工作实践经验，撰写了本书。

本书共五章。第一、二、三章，主要介绍了社会工作的基础知识。第一章是社会工作概述，主要介绍了什么是社会工作，阐述了社会工作的价值观念以及社会工作的本质、功能等；第二章主要介绍了社会工作的发展历程；第三章是对社会工作理论的论述。这三章的介绍可以让读者对社会工作有一个整体的认识。第四章主要介绍了社会工作的方法，包括个案工作、小组工作、社区工作、社会工作行政，主要从可操作性的层面进行介绍，让读者对社会工作的方法有了一个清楚的认识，为以后从事社会工作打下基础。第五章主要介绍了社会工作的实践，从社会工作涉及的领域进行阐述，主要选取了发展较为成熟的七个领域，包括老年社会工作、儿童社会工作、青少年社会工作、学校社会工作、家庭社会工作、矫正社会工作和社会救助社会工作，让读者对社会工作的具体实施以及实施过程中的应用理论、方法和技巧等有所了解。

本书理念先进、目标明确、内容翔实，可作为本科院校、高职高专院校和成人高等学校的社会工作教材，也可以作为社会各界想要从事社会工作的人员的参考书。

由于笔者水平有限，加之时间仓促，书中难免有疏漏和不当之处，敬请广大读者提出宝贵的批评意见，以便今后修改订正。

目　录

第一章　社会工作概述 ··· 1
第一节　什么是社会工作 ·· 1
第二节　社会工作的本质内涵 ·· 9
第三节　社会工作所需的知识、技巧及其功能 ·· 12
第四节　社会工作的构成要素与通用模式 ·· 15

第二章　社会工作的发展历程 ··· 20
第一节　西方社会工作的发展 ·· 20
第二节　我国社会工作的发展 ·· 30

第三章　社会工作理论 ··· 36
第一节　社会工作理论的含义和功能 ··· 36
第二节　社会工作理论的类型 ·· 38
第三节　社会工作理论的主要流派 ·· 42

第四章　社会工作方法 ··· 55
第一节　社会工作方法概述 ·· 55
第二节　个案工作 ·· 57
第三节　小组工作 ·· 63
第四节　社区工作 ·· 69
第五节　社会工作行政 ·· 77

第五章　社会工作实践 ·· 85

第一节　老年社会工作 ·· 85

第二节　儿童社会工作 ·· 90

第三节　青少年社会工作 ·· 94

第四节　学校社会工作 ·· 98

第五节　家庭社会工作 ··· 106

第六节　矫正社会工作 ··· 112

第七节　社会救助社会工作 ······································· 119

参考文献 ··· 125

第一章 社会工作概述

第一节 什么是社会工作

什么是社会工作？《纽约时报》的社论是这样阐述的："有一个新兴的专业已臻成熟，那就是社会工作。曾被认为只是手拿提篮协助穷人，现已成为一种以训练及科学为方法、以艺术为行为态度，对许多社会问题层面采取的一种行动。其协助经济上或情绪上有困扰的家庭；其协助社区之间的福利协调及相关服务；其实施于医疗、团体与学校等机构；其试图矫正青少年与成人的犯罪行为。"

常被引用的社会工作的定义是：社会工作是以利他主义为指导，以科学知识为基础，运用科学的方法进行的助人服务活动。

一、社会工作的界定

关于社会工作是什么，联合国在1947年开始举行的各国社会工作教育概况调查显示，33个国家所提供的定义便有33种。这33种定义实际上反映了33个国家的社会发展状况和社会工作的发展状况。

下面列举一些不同学者和机构对社会工作的不同定义。美国学者在其编著的《社会工作概论》一书中对社会工作的定义是："社会工作可以定义为一种艺术，一种科学以及一种助人的专业。透过社会工作实务，帮助人们解决个人、团体以及社会问题，并协助人们获得令人满意的个人、团体与社会关系。"现今社会工作实务通常是全面地综合运用三大传统方法，主要的焦点在于减少人际关系的问题，透过人际互动的提升改善人们的生活。

英国社会学家邓肯和米切尔认为："社会工作是指各种有组织的方法，它们能帮助人们获得仅靠自己的努力无法得到的东西。19世纪，这些有组织的方法在英国、美国获得了发展。当时对人们的关心主要集中在穷人的经济情况上，后来将这种关心扩大到促进精神和感情的健康上。"英国学者勃里姆在他1976年出版的《社会工作性质》一书中认为，社会工作与其他助人专业一样，其目标在于通过预防和拯救苦难来提高人们的福利。它特别关注人们的生活问题，但社会工作关心的重点不是始终如一的，而是随着社会情况的变化而变化的。

虽然社会工作者的职责是协助人们提升社会功能，以及提升与人互动的能力，但也有许多其他相关的助人专业在协助处理互动的问题。

社会工作是一种艺术，其需要有了解人类与助人自助的高超技巧；其是一种刚起步的科学，因它具有解决问题的方法，用客观的角度查明真相，并具有发展原则和可操作的概念。社会工作是一种专业，因它拥有专业的特质。

美国社会工作者专业人员协会（NASW）所出版的《社会工作字典》将社会工作定义为：①社会工作是帮助人们达到有效的心理社会功能的一种应用科学。②根据美国社会工作者专业人员协会的定义，社会工作是一种帮助个人、团体、社区的专业活动，通过增强或储存它们的能量，实现社会功能及社会所乐见的目标。③社会工作实务包含着社会工作价值、原则及技巧的专业应用，使人得到确实的服务，并提供个体、家庭与团体相关的咨询与心理治疗，帮助社区或团体提供或改善社会性或健康性的服务，同时参与相关的立法活动。④社会工作的实施需要人类行为与发展、社会经济、文化机构以及各种因素交叉互动的相关知识。

国际社会工作者联合会和国际社会工作教育联盟尝试给社会工作下一个全球性的定义："作为一个以实践为本的专业及学术领域，社会工作推动社会改变和发展、社会凝聚和人民的增权及解放。社会公义、人权、集体责任和尊重差异原则是社会工作的核心。基于社会工作、社会科学、人文和本土知识的理论，社会工作介入个人和组织面对人生的挑战和促进人类的福祉。"这是一个较为宽泛的定义，但也试图限定社会工作的学科性质、专业目标、专业价值和知识基础。就学科性质而言，最有影响力的是社会工作是科学这一论述。科学论始于玛丽·里士满的《社会诊断》一书，即以科学的方法助人。过去二十多年证据为本的说法强化了社会工作的科学性。美国南加州大学的约翰·布雷克教授在美国社会工作研究协会 2011 年会议上正式提出"社会工作科学"这一概念，以更明确的方式指明专业的学科目标。他指出，社会工作已经形成三个核心建构：生理心理社会视角、人在情景中和促进改变的服务体系。前两者体现了"社会"，后者展现为"工作"。随着社会工作领域科学研究的增多和证据为本的实践的推广，当下是正式提出社会工作科学这一概念的合适时机。这意味着社会工作应视为实践取向的、以促进改变为目标的整合性社会科学。

简单地说，社会工作是一门应用学科，通过社会工作的专业价值、原则、技巧的运用，使个体、团体、社区等得到适合的服务，以增强社会功能并达到社会所预期目标的专业。

中国曾于 20 世纪 20 年代引进了社会工作专业，但 1949 年后社会工作与社会学一同被撤销，20 世纪 80 年代后期开始恢复与发展社会工作专业。进入 21 世纪后，在建构和谐社会的历史脉络中，中国社会工作的理论与实践均取得了较大的成就，相应地有关社会工作的界定也越来越成熟。以下简略介绍中国学者在不同历史时期关于社会工作的不同定义。

费孝通的"社会管理说"对社会工作做了如下定义："社会工作就是在党和政府领导

下应用各种社会力量对群众的社会生活福利事业进行管理，其中特别是对丧失或缺乏适应社会生活能力的人采取适当措施，帮助他们恢复健全的社会生活，维护社会秩序，保持一定的社会制度的巩固与发展。"

《中国社会工作百科全书》在总结众多社会工作的定义后，对社会工作做了如下界定："社会工作是一种不以营利为目的的助人自助的专业性社会服务工作，也是一门独立的学科和专门的职业。社会工作帮助人们满足那些仅凭个人努力无法满足的需求而采取各种有组织的做法，它视受助者为积极能动的主体，而不是消极被动的客体，它提供必要的条件，运用专业的方法使受助人发挥潜能，自己解决问题，它是一门以现代科学为基础的应用性社会科学。"

王思斌在主编的《社会工作概论》一书中，曾尝试给出社会工作一个一般性的专业界定："社会工作是以利他主义为指导，以科学的知识为基础，运用科学的方法进行的助人服务活动。"

孙丽亚在《社会工作导论》一书中，对社会工作做了如下界定："社会工作是以特定的文化传统与社会制度为背景，以特定社会福利制度与社会政策为依托，为有需要的人们提供的专业服务。它帮助个人、团体、社区增强和恢复社会功能，促进社会福利制度和社会政策的制定与调整，并为实现上述目标创造良好的社会条件。社会工作专业在实践中运用专业知识、价值原则和技术帮助个人、家庭获得直接的物质帮助，为改善个人、家庭、社区的社会生活质量，需要借助相关的各方面学科的知识。"

中国台湾学者龙冠海指出："社会工作作为一种事业，它的内容包括各种福利实施与社会服务，其实施的方法着重于调整人与人、团体与团体、人与社会环境的关系。其主要目的是个人及团体生活的改良与社会的进步。社会工作就其目标、技术、学习、应用和工作人员的身份而言，已经成为一种专业，它与医生、律师、护士等具有同等的价值与功能，其地位值得社会给以同等的重视。"

社会工作有着强烈的价值取向，因此理念论强调了社会工作的利他主义特征，这是从价值观的角度界定社会工作的本质。大家耳熟能详的是，社会工作是"助人自助""以生命影响生命""同理、倾听、接纳""案主自决""增权"，这表现出社会工作就其本质而言就是制度化的利他主义，提供关爱性的专业服务是社会工作的核心内涵。不过，仅仅强调这样的理念，是否就构成一个专业，这是受到质疑的。

制度论认为，社会工作是社会福利制度的传导体系，是社会治理体系的重要组成部分，是回应社会问题的制度化努力。也就是说，就其本质而言，社会工作的专业发展是一种制度建构，这在很大程度上决定了社会工作在各国的表现形态。特别是在中国，社会工作的兴起是与社会建设、社会管理、社会治理等宏大叙事紧密联系在一起的，社会工作是包含在社会体制改革、社会治理创新、公共财政体系建设等制度框架之中的。

最后，从后现代主义或社会建构主义的角度而言，社会工作是社会建构的，在不同领域以不同的话语方式进行建构，因此社会工作即话语。比如，西方社会工作就有"控制"

与"改变"两个话语之争，尽管表面而言"改变"是主导性的话语，但"控制"可能是隐藏的话语。在中国，社会工作可能在很大程度上受限于"稳定"的话语体系。因此，社会工作在不同的语境里可能形成不同的社会建构，表现为不同的话语体系，这表明社会工作的本质可能是流变的，在不同的时空环境之中以不同的方式呈现出来。

结合各家之说与我国的国情，社会工作应该包含以下几个方面的内容。

①社会工作是一种专业，它以帮助人们发掘自身的内在潜力、借助外在的资源获得基本的生活需要为目的。对那些因外部、自身和结构性原因不能进入正常的社会生活的个人和群体提供帮助，并运用各种专业知识、技能去解决困难，帮助他们恢复社会关系，提高生活质量，确保社会稳定和谐地发展。它还是一门学科，以如何解决社会问题、协调社会关系、推进各种社会制度的制定和实行为研究内容。

②社会工作的主体既包括政府、社会团体，也包括个人。在我国，社会团体不仅包括传统的工会、共青团和妇联，还包括一些非政府组织，如慈善基金会、各种行会、会所、俱乐部等。个人作为社会工作的主体，在西方国家比较普遍，我国当前还需要创造条件加以培养，一切有希望助人的个人，应该都可以成为社会工作的主体。

③社会工作的对象是那些不能维持正常社会生活，而又需要他人帮助的个人或群体。虽然有许多社会工作者认为社会工作的对象已扩大到全体社会成员，但从世界各国的社会工作实践来看，其工作的重点是生活有困难的个人和群体，是因贫困、精神紧张、心理疾病等不能适应社会的弱势群体，以及由于特殊原因处于困难阶段、需要帮助的人。

④社会工作的目标是提升全社会成员的幸福感，通过社会工作者的协调，帮助人们认识困难和问题，寻找解决问题的途径，达到改善生活环境、改变态度和行为、促进生活潜能发挥的目的。

二、社会工作的价值观

为何社会工作的目标是增强个人、团体及社区的心理及社会功能？它是基于何种价值观念才会有这样的目标？美国社会工作教育委员会提出了下列社会工作的价值观。

①每个人都有权利实现自我成就。实现自我成就若是一个人的"权利"，那他就可以要求政府、学校或是整个社会来帮助他实现他的权利。从这个观点来看，一个好的政府、制度或社会环境其责任就是使更多的成员达到实现自我成就的目标。

②每个人都有义务去寻求自我成就的方法。既然是义务，那当事者也要努力去实现。

③社会有义务去协助个人发挥潜能，也有权利借个体对社会的贡献使个体去实现自我（可见，自我成就的实现乃是个体、环境相互交织的权利与义务的关系）。

④每个人都需要社会提供保护的机会，和谐地使用其能力，以满足其在生理、心理、经济、文化、美学以及灵性上的需求（所以社会工作具有浓烈的"全人关怀"的价值观）。

⑤社会越复杂，也越相互依赖，所以日渐专业化的机构必须能够帮助个人，使其努力

去自我实现（社会越复杂，专业化的程度就应越细致，对当事者充权的需要性也越高）。

⑥为使个体能达到自我实现，使其对社会有贡献，机构应该提供各种被认可的策略，在范围、类别与品质上满足个体需求，达到他们的目标。专业发展的主轴就是设法使种种方案更能满足多数人的需求，从这里人们可以看到社会工作专业的服务概念。

简而言之，社会工作专业的基本价值就是服务案主、促使案主早日达到自我成就的目标。但必须考量的是五六十年来的社会变迁，是否对传统的社会工作价值产生了影响。根据最近的调查，社会工作的理念与价值在美国已普遍被认知、接纳；从1898年社会工作专业正式起步以来，社会工作专业的发展大致是在稳定中不断地进步，但仍然面临一些挑战。传统训练或基本教义型的社会工作者在新的时代中，会面临案主价值观与社会工作传统价值观有所差异而引发的问题。面对时代的急速变迁，社会工作专业未来的发展方向到了面临抉择的关键时刻，即商业模型的社会工作或是道德层次的社会工作？

商业模型或市场考量的主轴是专业应如何去"经营"：以成本效益去分析，以经济的代价来计算；在服务的过程中，不断地强调技巧或技术，所以专业人员与案主之间的关系就仿佛市场行为里的市场交换关系一样。在这种考量中，传统的案主自决或是充权的概念，大概都不能通过成本效益或效率的评估。

道德模型的社会工作则重新以解释学的方式强调"社会工作的道德实践"，在这种道德考量中，案主自决、充权、案主参与等概念（这些概念都不符合市场经济）将会有较合理的诠释。研究也指出，每个人的价值观都不尽相同。同样是受过社会工作专业训练的社会工作同仁，也可能因为研究所或大学部之间教育年资的不同，而与社会中产阶级或劳工阶层等产生不同的差距；也可能因为宗教信仰的不同，而对专业的价值观念有不同程度的信仰或态度。研究报告还指出，同一机构内，有些人员也常因国籍或文化背景的不同，而对价值有不同程度的认同。经验中，一般都认为工作满足感必然受到工作的性质、任务分配是否合理、小组的相处是否融洽、报酬的多寡以及工作人员的身份与地位的影响，其实影响工作满足感最重要的因素是当事者的工作价值观。从社区组织的观点来看，社区的精神价值、文化伦理等元素也不可偏废。从研究结果得知，社会工作专业仍将弥漫着浓烈的价值观色彩，价值观也将影响社会工作专业人员的工作满足感以及工作士气，市场考量的因素或将无可避免地越加普遍，但社会工作本质的"全人关怀"，以及为弱势族群服务的倾向，也将使社会工作更具特色。

三、社会工作的特质

通过下列对社会工作特质的介绍，可以促使人们对社会工作更加了解。

①注重个人的整体性，包括个人、环境因素和行为。社会工作强调整体环境中的完整个人。

②强调家庭对个人行为塑造及影响的重要性。社会工作者试图了解家庭互动的原理，

将家庭作为增进社会功能的基本单位，因为大多数的社会问题源于家庭关系的不足与失衡。家庭通常被社会工作视为个案。虽然现在的家庭有诸多改变，但家庭仍是社会最基本的制度，所以是社会工作重视的要素。

③强调运用社区资源，以协助人们解决问题。社会工作者熟知社区资源。例如，社会工作者协助人们找到能解决他们问题的机构，因此转介是社会工作者最主要的服务之一。另外，社会工作者对大环境也有显著的贡献，他们运用计划与组织的技巧，让公、私立组织与机构能发挥更多的功能。

④透过督导过程，可为无经验的社会工作者提供指导方向，也能让有经验的社会工作者持续成长。不管在学术界还是实务界，社会工作经由合格的专业人员提供督导，以协助社会工作者增进专业知识与技能，并提升社会工作者助人的知识与技巧。督导的过程非常重要，因社会工作者本身即是助人的工具，因此他们需要在专业上不断成长，掌握新知识，适应新情况。

现在督导的方式已有所改变，不再像从前那样僵化。一般的趋势是采用自我指导方式，而较少采用拘泥的督导与被督导关系。目前较广泛使用的方式有参与式督导、自我督导和同情督导。

⑤社会工作具有独特的教育课程，包括课堂教学机构实习。若要从美国168个社会工作硕士班中（2004年），获得社会工作硕士学位，则至少需研修两年的研究所课程。研究所的课程整合了理论与实务，还包括学术课程与协助案主的实务经验。

社会工作教育学会也认可大学部的社会工作或社会福利科系，因此具有社会工作学士学位的毕业生，是被认可的初级社会工作者，在专业实务中具有任用资格。

⑥社会工作的三大传统基本方法为个案工作、团体工作和社会组织。个案工作是指运用面对面、一对一方式协助个人解决问题。团体工作则是以团体为工具，协助有困难的个人，改善其社会功能。社会组织采用团体取向，面对并解决社会病态，社会组织的目标是增进人们对社会需求的了解，并为有需求者提供资源协助。

有些社会工作者认为社会工作的方法只有一种，即解决与社会关系相关的问题。他们声称无论是协助个人、团体或社区，基本上都是运用一样的方法，这种新的方法叫作综融社会工作实务。

⑦社会工作有独特的专业组织，包括美国社会工作者专业人员协会与社会工作教育学会（CSWE）。美国社会工作者专业人员协会成立于1955年，在仔细地评估之后，将数个小型的社会工作专业团体整合成为一个统一的有动力的组织。其会员人数与日俱增，至2004年已有超过150000位社会工作者加入成为会员。这个组织在提升社会工作实务水准，招募训练专业人才，以及对大众传播社会工作实务与价值等方面皆不遗余力。社会工作教育学会成立于1952年，旨在协助改善训练设备与课程，同时从事人才招募，协助公共关系并强化社会工作实务。

⑧社会工作注重精神病理的概念，并强调了解他人的重要性。社会工作者特别关心案

主的自我感受，及案主对自己与他人的人际关系感受。社会工作者具备相当的精神医学与动力心理学的知识与概念，因此能协助案主处理人类行为等问题。

⑨关系是社会工作助人工作中的关键。在会谈中，所有的环节都很重要，但对社会工作者而言，社会工作者与案主之间的感受与气氛尤其重要。社会工作者试图在提供情绪支持的关系中，透过知识分享、了解与接纳，让案主能够面对问题并解决问题。

⑩社会工作的社会部分强调的是社会互助，及其对社会功能失调与否的影响。社会工作运用社会学、心理学与团体动力学的原理，了解人与人的互动，并协助人们解决人际间的冲突。

⑪社会工作认为，社会问题与人类行为，在某种程度上，与人类社会制度有所关联。因此要了解人类的问题与行为，就必须了解人类制度。改善个人人格及社会制度，便可减少社会问题。例如，人们可以通过个别治疗来扭转偏差制度，便可减少社会问题。另外，社会工作认为，通过政治或经济制度的改善，也可以预防诸多偏差行为的产生。

⑫大多数的社会工作者受雇于机构。虽然私人社会工作者有增加的趋势，但多数的社会工作者还是在机构的架构与政策中工作。机构的支持，能让社会工作者的服务得到多方面的强化；机构特有的督导、咨询和合作，也能让社会工作者得到许多正向的资源。

⑬社会工作的基本目标是协助案主自助或社区自立。很多人以为社会工作者并不听案主的陈述，其实不然。社会工作者尽力协助个人增进自我了解与改善人际关系，并善用个人及社区的资源解决个人问题。社会工作者认为，当人能够逃脱自己的问题，并看清、了解自己时，人就有足够的自我力量来解决自身的问题。当其他专业专注于病态问题时，社会工作却强调并运用个人与社区的力量来达成所想的目标。社会工作也致力于社区资源的了解，并协助解决社区问题，以改善其现状。

⑭因为多数社会工作者是在机构任职并领取固定的薪水，所以收取的服务费是用于机构的福利上，而非成为社会工作者的红利。

⑮传统上，社会工作者主要是对个人和家庭提供服务与治疗。但过去二十年来，预防的观念逐渐受到重视，而最近的焦点则在于如何提升全民的生活品质。

⑯社会工作者能有效地发展与运用团队，并能统筹协调团队的服务与活动。有许多其他专业人员认为，社会工作者的角色就像催化剂，有能力并有责任促进专业工作的合作与运作。因此，社会工作者常在团队中扮演协调者与整合者的角色。

四、社会工作的基本前提与假设

社会工作与社会福利基于以下三个前提：①人有其重要性；②在人与人的互动中会产生个人、家庭和社会问题；③可以采取某些措施缓和这些问题及丰富个人生活。这三个前提基于如下的假设。

①社会工作与其他专业一样，具有解决问题的功能。一旦能解决个人、团体及社区的

问题，社会工作专业就有其存在的必要性。

②社会工作实务是一种以科学与价值为基础的艺术。虽然所谓的"科学"仍有弹性的定义空间，有的科学只相信"眼见为实"，有的以合乎理性检验为准，有的只认合乎逻辑推论，有的可能认为只要言之成理就可相信。但无可否认，社会工作专业有深厚的价值取向，并且社会工作专业实施的艺术性有时还会多于其科学性。

③社会工作之所以能成为一个专业并持续发展，是因为它能满足社会公认的人类需求与期望。社会工作专业近年来在中国台湾地区的发展较其他专业更快，主要原因是较符合现代中国台湾社会的需求。

④社会工作的价值观取决于社会的价值观，然而，社会工作的价值观不一定全然是当时社会的主流。社会工作专业应坚守社会工作的原则，不能人云亦云，更不能成为资产拥有者或劳工阶层的发声工具。

⑤社会工作的科学基础有三类：已验证的事实；假设性的知识需转化为已验证的知识；设想的知识（或称为实务智慧）需先转化为假设性的知识，进一步转化为已验证的知识。经过科学手续所验证的知识，可称为事实，但在目前社会工作专业所应用的知识体系内涵中，很多知识其实尚未经过验证，严格来说，它们只是假设性的知识（弗洛伊德的学说可曾经过验证？若要验证，如何验证？如何证明案主现在的问题是三十多年前不幸的童年经验所导致的？）。社会工作专业最擅长的实务智慧虽没经过严格的科学检验，难道要将这些心血与经验束之高阁？这些实务智慧社会工作专业不只是拿来用，还要使它管用。

⑥社会工作实务所需要的知识，取决于实务目标、功能及其所要解决的问题。由于实务的目标并非单一取向，并且在功能与问题的层面都相当广泛，服务的对象也颇为庞杂，因此社会工作专业所需具备的知识，必须有足够的丰富性与实用性，否则无法担当此工作。

⑦社会工作者本身就是专业助人的工具，因此，专业知识与价值的内化是专业社会工作者的专业特质。显而易见，社会工作专业人员的养成训练是艰巨的工作。知识层面的教导并不是最难的，工作态度的培养、人格教育的强调、面对复杂问题时的能力充权，不仅需要合理的社会工作教育内涵、足以让学子们信赖的教师们热心的教学、按部就班的实习教育，还要加上岁月的雕塑与生命的历练，这些才是社会工作专业人员养成过程中需要大力投入的、也是最难的。

⑧社会工作通过从事各种活动来展现其专业技能。社会工作专业的活动不局限于协谈咨询室，也不局限于机构本身的资源，而是在人际的互动及资源的运用过程中，因此社会工作专业的活动空间是弹性的、宽广的、变化的、创造的。

第二节 社会工作的本质内涵

我国学者夏学銮指出，社会工作的本质属性是助人服务，它是一种社会公益事业而不是产业。它包含以下内在规定性：实践性、专业性、制度性。实践性表现在个人层面和社会层面的助人行动，问题解决和社会福利的发送服务上；专业性意味着它的艺术、职业和科学三种属性，及其社会工作教育和社会工作研究的性质；制度性则包括社会行政、政策分析和社会福利等方面的内容。

为了更好地理解社会工作的本质内涵，还应该把握社会工作的以下几点特性。

一、社会工作是一种助人活动

作为一种专业的助人活动，社会工作具有严格的职业操守和工作模式，并以科学规范的方法协助人们预防和解决问题，现已成为解决社会问题的一种制度化手段。社会工作从最初的施舍、慈善行动到目前的专业服务，一直具有鲜明的助人特征，帮助那些在社会生活中遇到困难的人解决问题是其基本职能。在社会工作中，受助的对象既可以是具体的个人、家庭，也可以是社会群体乃至社区；提供的帮助既有物质方面的援助，也有精神和心理方面的支持。

在助人活动中，服务的提供者需要面对来自不同对象的、复杂的需要，要实施有效的帮助必须有足够的能力，掌握丰富的知识与技巧。在长期的社会实践中，社会工作已拥有独特的知识体系，发展出经过数次检验并日渐成熟的助人方法。从这个意义上讲，可以说社会工作是一种专业性、科学化的助人活动。社会工作其助人的服务本质决定了社会工作的实践性，离开实践性社会工作将无法完成它的助人活动。社会工作的实践性典型地表现在它的服务取向、行动取向和问题解决取向上。这三种取向，过去、现在和将来都是社会工作专业所必需的。离开了它们，社会工作就不再是社会工作。正是它们，决定了社会工作的本质。

二、社会工作是一门专业

专业的产生与发展最终源于社会的需要。专业是现代社会分工的产物，也是现代科学和教育发展的产物。按照我国台湾学者徐震的观点，作为专业应该具有以下基本特性：它有科学的知识体系作为其活动的基础；它有哲学的伦理信念以指导行内人士的职业行为；从业人员须经过长期的养成教育，即通过专业教育和培训才可能成为从业人员；从业人员的就业需经过合法的专业甄试（入职资格是由专业权威系统通过鉴别而同意的）；该专业有实际的工作职位，即社会为该专业提供了实际工作机会；该专业有服务的案主体系，即有比较明确的服务人群；该职业内部有自我监督、自我评估的机制，并形成了共同认可的、有权威的监控机构；该专业领域有发展的进修制度，并形成了专业的职级系统，即专业的权威体系。实际上，现代意义上的专业是指建立在科学教育和训练之上的、某类人专门拥有的职业领域。

社会工作专业源于早期的慈善事业。随着受助者情况的复杂化及社会对他们正当权利关注的增加，出于人道主义和宗教信仰而为贫困或不幸者进行介入的慈善施舍已不能适应社会的需要。正是在这种情况下，开展社会工作专业教育、培养社会工作专业人才及成立社会工作服务机构以为社会提供较高质量的服务就成了必要，这些也促进了社会工作的专业化发展。社会工作作为一个专业，已发展出一套专门的技术与方法，目前已得到国际社会的广泛认可。

社会工作是一种以助人为宗旨，运用各种专业知识、技能和方法去解决社会问题的专门职业。社会工作具有很强的专业性，对从业人员的道德水平和专业能力都有较高的要求。为了培养具有社会工作专门知识和技能的人才，许多国家都在大学里设立了社会工作学院或社会工作系，培养社会工作的学士、硕士和博士。一些国家还设立了社会工作教学委员会，以规范社会工作专业课程的设置，推进社会工作教学的发展。在国际社会中，社会工作专业人员也建立了自己的专业组织，如国际社会工作者联合会（IFSW）、国际社会工作学院联合会（IASSW）。

三、社会工作是一种制度

社会工作是由政府或民间组织提供的一种规范化的、专业的服务。社会工作作为一种制度安排，具有恢复社会功能、提供社会服务、预防社会问题等作用。从西方国家和我国港、澳、台地区发展的经验来看，社会工作制度已经成为社会制度体系的重要组成部分。

政府通过社会工作将制定的社会福利政策、社会保障政策等关系到社会成员生活和发展的有关社会政策具体贯彻到社会成员之中。在社会福利制度领域，社会工作是社会福利服务的发送体系，是社会福利制度的有机组成部分。只有通过社会工作这个代理实体，社会福利制度的理念、价值、项目和多种服务才能得以落实，所有社会政策和福利项目都必须通过社会工作实践才能得到实施。社会工作者在社会福利制度中主要扮演福利服务发送者和福利项目实施者的角色。

关于社会工作和社会福利的关系，北京大学的夏学銮有比较详尽的阐述，他认为社会工作和社会福利具有十分密切的关系。首先，从起源上看，社会工作和社会福利都是人类对由工业革命所带来的社会问题的制度反应。虽然它们解决这些社会问题的视角和方法不尽相同，但它们都是对人类面临问题的制度化的正式解决。其次，从发展上看，社会工作和社会福利是在相互影响、相互促进的基础上同步发展的。开始是社会工作专业化发展和人文价值观念的传播推动了社会福利制度的发展，后来是社会福利制度的发展反过来促进了社会工作专业的标准化和规范化。再次,从性质上讲,社会工作属于社会福利制度的范畴,是社会福利的发送体系。在社会福利的三个层次,即制度、机构和项目中,都需要专业社会工作人员的参与,通过社会工作的个案、群体、社区和行政方法,使社会福利制度的目标、任务得以贯彻落实。最后,从功能上讲,社会工作和社会福利都会起到稳定社会、造福人民和促进人类全面进步的作用,它们的目标和价值取向是一致的。

王思斌曾指出:"在现代社会中,专业社会服务即社会工作与社会政策有着更加直接的联系,特别是随着国家社会福利政策的发展,社会工作作为社会分工的组成部分在服务贫弱群体、解决社会问题、维持社会秩序方面发挥着重要作用。"在王思斌看来,社会工作与社会政策的关系表现在以下几个方面:第一,有组织的社会服务一般是在政府的社会政策框架内进行的。政府的社会政策框架说明,按照政府的社会政策开展的社会福利服务是符合社会要求的,与社会服务相关的某些筹集资源的活动也具有某种合法性。第二,社会福利服务活动是社会政策的实施过程。虽然社会政策的实施或贯彻落实并不局限于社会工作,但后者无疑是现代国家实施社会政策的重要组成部分。第三,社会工作在一定程度上成为社会政策的"验证者"。社会工作是最具体、最直接地为政策对象服务的活动,社会工作过程因此也成为社会福利政策与服务对象之间的中介。这样,社会工作的一端与社会政策相连,另一端则与服务对象互动。于是,社会政策的适切性,都会在具体的福利传输过程中得到反映。同时,社会工作的效果有可能反过来成为推动社会政策改进的力量。

总之,在现代社会中,社会工作已是一个国家或地区用来解决社会问题、实施社会政策的一种制度手段。社会工作制度的理念和方法是现代社会保障制度和社会政策体系运行的有力支点。当前,社会工作已被纳入现代社会的制度系统中,成为贯彻政府的福利政策、确保社会稳定的一种不可或缺的制度。

四、社会工作是一门学科

专业社会工作形成于19世纪末20世纪初。经过一百多年的发展,社会工作不断地成长、发展,现已成为一门学科。从学科属性上讲,社会工作属于应用型的社会科学。

科学是反映自然、社会和人类思维规律的知识体系,任何一门科学都有其独特的研究对象。作为一门学科,社会工作的研究对象则是一种专业化的助人活动,研究助人活动所需的理论基础、方法与实施过程,揭示过程中的规律性东西,以便更好地指导助人实践。在社会科学中,有的偏重于理论研究,有的偏重于实践研究。社会工作属于后者,它是以科学的理论与知识为基础,以解决实际问题为目的,带有明显的应用性。社会工作是社会工作者在掌握社会工作理论的基础上,采取科学的方式所开展的助人活动。在这个过程中,社会工作者应该根据自己的专业知识基础、专业操守客观地分析问题,寻求有效、合理地解决问题的途径。社会工作所提供的各种理论、方法、技术、技巧,都是为解决社会问题服务的。基于此,国外及我国港台地区的社会工作教学都特别强调"学以致用",注重案例教学，并将课堂教学与实习相结合，使学生在接触实际中真正掌握助人的本领。

综上所述，社会工作不是一门以探讨学理为宗旨的基础学科或理论学科，而是以解决实际问题为目的的应用学科。社会问题的复杂性，决定了社会工作助人活动中所需的理论知识的多样性，也决定了社会工作必须善于运用多种社会科学乃至自然科学的理论、方法及技术为自己服务。从这点上来说，社会工作是一门综合性的应用社会科学。

第三节 社会工作所需的知识、技巧及其功能

一、社会工作需要的知识、技巧

社会工作发展了几十年后，它的内涵日渐复杂，在社会中所呈现的方式以及未来发展的方向也有可待讨论的空间。某学者提出了很重要的文献与指标，其报告对社会工作提出了颇多规范，对几十年后的现代社会工作教育仍然有巨大的影响。赫里斯和泰勒针对当时社会工作日渐特殊化、碎片化、复杂化的状况（当面对不同的状况，对不同的问题有不同的处置，而各有说辞时），他们的报告建议社会工作教育应将注重通识化作为主题，并且对社会问题与社会活动赋予较多的关怀。这个报告得到社会工作界普遍的接纳与支持，影响至今，该报告的论点已成为今日社会工作教育的目标。时至今日，社会工作专业仍要秉持不断改善、不断进步的精神，使理论可以更加精进，服务可以更加妥善，也使实务工作者与案主的关系可以更入佳境。

（一）社工专业所需要的知识

依照美国社会工作者专业人员协会所出版的《社会工作分类标准》的建议，社会工作者所需要的知识如下所述。

①个案及团体工作理论与技巧。

②社区资源及服务。

③了解各级政府的社会服务方案及目标。

④社区组织、健康与福利发展的理论。

⑤基本的社会经济及政治理论。

⑥对社会上各民族、族群以及其他文化团体，在现代社会中的价值、生活形态及各类合成问题的了解。

⑦各专业及科学研究发现而适合应用于社会工作专业的了解。

⑧社会规划的概念及技巧的了解。

⑨对督导的理论与概念的了解。

⑩对人事管理的理论与概念的了解。

⑪对一般社会、心理、统计及其他研究方法及技巧的了解。

⑫对社会福利行政的理论及概念的了解。

⑬对影响案主的社会及环境因素的了解。

⑭对各派心理社会评定与各类问题诊断的理论与方法的了解。

⑮对组织和社会系统的理论及行为与促进对该组织和行为改变方法的了解。

⑯社区组织的理论与技巧。

⑰促进的理论及技巧。

⑱维持社会工作专业伦理的水准及实施的能力。

⑲教导并指导的理论及技巧。

⑳对社会福利趋势及政策的了解。

· 对各级政府法规如何影响社会及各类服务措施的了解。

· 其他。

在美国社会工作者专业人员协会的规划中，还建议社会工作者应具备说得清楚、写得明白、教导别人、对太情绪化或危机状况中的案主能给予支持性回应、专业关系中有角色示范、能解释复杂心理社会现象、对所赋予的责任能达成使命、为了助人能寻找并获得正确资源、评估自我表现与感觉并寻求协助或咨询、参与并领导团体活动、运用社会及心理理论至现实情境、为解决问题有确认所需要的信息、在机构所提供的服务及实务工作中有进行研究的技巧等知识。

（二）社工专业应具备的技巧

美国社会工作者专业人员协会确定了社会工作者所需要的十二种技巧，如下所述。

①聆听以促进了解并达到专业目标的技巧。

②为准备个案的社会史并给予评价做完整的报告，社会工作者应有抛出相关信息、集合相关事实的技巧。

③创造并维持专业助人关系的技巧。

④观察并解释口语及非口语行为，并运用人格理论与诊断方法的知识技巧。

⑤努力让各类案主（个人、家庭及社区）去解决他们自己的问题并获得其信任的技巧。

⑥能支持而不带威胁地与案主讨论其敏感的情绪主题的技巧。

⑦针对案主需求能创造新的解决方法的技巧。

⑧决定是否需要终止与案主治疗关系的技巧。

⑨进行研究或解释研究发现和专业文献的技巧。

⑩对产生冲突双方有调停或谈判的技巧。

⑪提供机构间的媒介服务技巧。

⑫对能提供基金资源的单位、社会大众或立法者有解样并沟通使其了解社会之需求的技巧。

根据上述的知识与技巧，社会工作专业所需的知识内涵不可谓不多，所需的知识类别不可谓不广。尽管社会工作专业的科学性不如它的艺术性，却显示了社会工作专业知识领域里可待发展的空间是相当广阔的，否则社会工作专业无法实现它的功能。

二、社会工作的功能

社会工作的功能是什么？它与其他专业的差别在哪里？1959年社会工作教育委员会的"课程报告"中如此叙述：社会工作是运用以社会关系为主的活动，增强个人与团体成员的社会功能。这些活动具有三项功能：恢复受创的功能；提供个人与社会资源；预防社会功能失调。

（一）复原

让一个生病的人变得像以前一样健康，这是医疗上的复原。同样，让一个因人际关系不良致使无法在工作上好好表现的案主，知道如何与别人共处，因而能够安心工作，使其生活能正常运作，则是社会性的复原。医疗性的复原是专业医师的任务，社会性的复原则是专业社工师的任务。由此可见，复原可分为以下两类。

1. 治疗性

例如施暴的丈夫因为社会工作者的辅导，学习与太太沟通，不再使用暴力的手段处理家庭问题时，表明他的暴力行为已得到治疗。一个不肯听从医嘱服药的肾脏病患者，医师无法治疗其疾病，经过医疗的辅导解决了其家庭关系的障碍（患者出院回家后有太多的家务要做，不如留在医院倒可安心休息），患者终于安心服药出院回家，这里患者的治疗包括医生的药物治疗，也包括社会工作者的社会治疗。

2. 复健性

一个遭遇情感挫折的大学生，在经历八次团体治疗后，其痛苦终于得到纾解，这就是复原的过程；一个长期受到家暴的妇女，经过司法程序终于脱离了家暴的威胁，再经过社工的安排，参加了六次自我肯定的成长团体，并且试着参与志愿者服务，一年多后终于重新面对生活，这也是社会性的复原。

（二）提供资源

资源的使用是社会工作专业的特色，社会治疗的场所不限于咨询室，更多的是在社会的每个角落。案主若是受虐的幼童，对社会工作者而言，可能幼童的大姨会是个非常有用的资源；面对一个脏乱的社区，改善环境的资源可能是城里的一个社团或是邻近的一所小学。社会工作专业不做孤军奋斗，资源系统的应用将使社会工作专业永远保持它的灵活性与实用性。资源可分为以下两类。

1. 发展性资源

这是指使当事者具备某些条件，使他可以成为某种资源。例如，培养社区的大专学生成为教中学数学的教师，使他们成为社区中贫困中学生求学上进的资源。

2. 教育性资源

授人以鱼不如授人以渔。乡村社区内竹子一直当竹竿卖，价钱甚低，但成立竹工手艺班后，一根竹竿的价值变成了艺术品的价格。教导当事者掌握技能和方法后，其本身就可成为有效的资源。

（三）预防

预防胜于治疗。社会工作专业的功能不仅是治疗，也强调预防。主要包括以下两种类型的预防。

1. 对问题的预防

社会工作专业应有能力看到个人团体或社区未来问题产生的可能性。例如，从社区内的青少年斗殴游戏中预测到未来可能存在的帮派问题。在种种问题尚未出现或恶化之前，社会工作专业应有预先告知并设法避免的能力。

2. 社会病态的避免

面对社区内到处乱贴的色情海报，电视台节目中的煽情与暴力，托管班里越来越多不到三岁的小孩……这些现象在社会工作专业人员的眼中，不应当作平常现象来看待。面对社会的病态现象，社会工作专业应配合相关专业并与立法、执法单位一起努力，以避免整个社会的发展方向发生偏移。

第四节　社会工作的构成要素与通用模式

根据佛兰德的定义，社会工作是一种专业服务，也是一个助人过程。作为助人活动，社会工作是指社会工作者有意识、有目的地帮助他人的活动。在这个助人活动的过程中，社会工作者作为行动者，依自己的助人价值观去设计、实施助人活动，并积极引导受助者主动参与这一行动过程，从而达到助人的目的。

一、社会工作的构成要素

作为一种专业助人活动、助人过程，社会工作由服务对象、社会工作者、价值伦理、助人活动和专业方法等几个基本要素构成。

（一）服务对象

社会工作中的服务对象也称受助者、案主或工作对象，指的是社会工作者直接服务或帮助的对象，是在正常的社会生活中遇到困难希望得到帮助而解脱困难的人或群体。

服务对象的概念是把社会工作者的工作看作提供服务，接受服务者即服务对象。而受助者这一概念反映的是社会工作者向对方提供帮助，对方是遇到困难、自己不能解决并愿意接受社会工作者帮助的人。实际上，在社会工作中，提供帮助与提供服务具有基本一致的含义，即当事人遇到比较大的、自己难以解决的困难，需要别人的帮助和支持。

服务对象或受助者的存在是社会工作得以发生的基本前提。没有遇到困难而需要帮助的服务对象或受助者，社会工作就失去了对象，也就没有了存在的必要性，所以服务对象是社会工作的基本要素。值得一提的是，社会工作的服务对象不只是个人，还可能是家庭、群体和社区。不应把他们看作被动接受帮助的人，而应该把他们看作有主动性、有潜能的人。

从社会工作的起源来看，早期的慈善活动是以社会上最困难的群体为服务对象的，诸如那些无家可归的流浪者、儿童、老人、因失业等原因而导致的贫困者，以及战争中的负伤者等。实际上，社会工作发展的初期，各国的社会工作都是将社会上最需要帮助的弱势群体作为服务对象。即使今天，发展中国家社会工作的基本对象依然是那些最需要帮助的人，如孤儿、孤寡老人、残疾人以及因自然灾害和社会原因而陷入生存困境的人。随着社会的发展进步及社会问题的复杂化，社会工作服务对象也随之变化，它已经不再只是包括社会上公认的弱势群体，而是可能涉及所有的社会成员，这主要表现为社会工作的性质由补救性、治疗性向治疗与预防、补救与发展结合的方向发展。

（二）社会工作者

相对于受助者，社会工作者是提供服务的一方。没有社会工作者就没有服务可言，社会工作者是构成社会工作的基本要素。在助人活动中，受助者与服务提供者缺一不可。

或者可以说，社会工作是专业助人的活动。在社会工作过程中，社会工作者通过了解、评估服务对象的困难与需要，设计和实施助人活动，通过与对方的相互配合与合作，达到助人的目的。在这个过程中，社会工作者是助人行动的主体，他设计并引导助人过程的进行。没有社会工作者，助人行为就不会发生。

社会工作者是接受一定的专业教育或培训从事职业化社会服务的人。社会工作者的素质、能力和经验直接影响着社会工作的进程和成效。应该说明的是，社会工作者不只是一个个体概念，它也是一个群体概念。也就是说，从事社会工作的不只是单个的社会工作者，还可能是一个机构和一个团队。

（三）价值伦理

价值伦理是指社会工作者在助人过程中所秉持的专业价值观念和专业伦理。社会工作认为个人拥有正常社会生活是必然的，帮助遇到困难的个人重返正常社会生活是政府和社会的责任。社会工作价值观念以利他主义为核心，社会工作追求社会公正，重视个人尊严价值以及人和人之间关系的重要性，要求将服务对象视为一个独特的个体，强调不批判、尊重和接纳服务对象，主张服务对象的知情同意和自决，承诺保守服务对象的秘密。社会工作专业伦理是社会工作价值观念的操作化，它要求服务对象利益优先，主张专业价值高于个人价值，约束和激励并重，强调社会工作者对服务对象、同事、机构、专业、社会等的伦理责任。社会工作专业伦理进一步具体化为社会工作专业守则，成为指导社会工作专业服务活动的行动规范。

社会工作作为专业的、职业的助人活动，只有在正确的价值伦理指导下才会自觉、持久地进行，才会尽最大可能去帮助他人、服务工作对象。

（四）助人活动

助人活动（或称服务）是社会工作者根据服务对象的需要，依据社会工作价值观向服务对象提供帮助或服务的行动，也是社会工作者与服务对象的互动及合作的过程。助人或服务活动将受助者的需求与社会工作者的服务活动连接起来，并通过连续的活动实现社会工作的目标。由此看来，助人活动是社会工作的本质所在，没有助人活动将各种要素连接起来就没有社会工作。

当然，不能将助人活动简单地理解为社会工作者对服务对象的单向支持，它不是社会工作者一厢情愿地提供帮助的活动。在助人过程中，社会工作者需要尊重受助者的权利与选择。实际上，助人活动是双方围绕解决困难和问题而展开的持续互动。在助人活动中，社会工作者经过分析求助者或服务对象的问题，选择科学的、适合受助者需要的服务方法，向对方提供服务。而受助者则根据自己的需要对来自社会工作者的帮助行为进行理解并做出反应。在这种互动过程中，双方互相理解对方的行动，相互合作，共同实现克服困难、解决问题的目标。助人活动反映了价值观和工作方法，是社会工作的基本实践活动。

（五）专业方法

方法是主体在认识客体和改造客体的过程中所采用的手段。这里所说的专业方法是指社会工作者在开展社会工作的过程中，为了有效地帮助案主解决所遇到的问题、克服所遇到的困难所采取的工作方法，即社会工作方法。

社会工作是专门的助人活动，助人方法作为达到助人目的的手段和措施，在服务过程中占有十分重要的地位。它不仅指在实际工作中所使用的一般方法，而且指社会工作者群体在长期的助人实践中形成的、经过实践检验后行之有效的做法，它们作为一种知识被社会工作者共享。专业助人方法是社会工作者的基本功，也是社会工作者区别于一般助人者的明显之处。

如同对社会工作的界定存在分歧一样，不同学者对社会工作方法种类的划分也有所不同。弗兰德在其著作《社会福利导论》中将社会工作方法概括为社会个案工作、社会小组工作、社区组织、社会福利行政、社会福利研究、社会行动等；美国社会工作者专业人员协会出版的《社会工作百科全书》中指出，社会工作方法包括社会个案工作、社会小组工作、社区组织、社会工作行政、社会工作研究等；美国的《社会工作年鉴》则将社会工作基本方法归纳为社会个案工作、社会小组工作、社区组织、社会研究及社会行政等。

通过上述分析可以看出，在助人活动中社会工作各构成要素并非彼此独立地存在，而是相互影响、相互制约的。

二、社会工作的通用模式

社会工作的通用模式是由系统理论发展而来的，该理论认为社会工作的助人是一个过程，由一系列朝向既定目标的系统化行动组成。

（一）接案

接案是社会工作过程中的初始阶段，该阶段的主要任务大致如下：一是了解服务对象的类型。受助者根据来源不同，可以分为主动受助者和被动受助者。前者是个人、家庭或团体，带着靠其自身力量无法解决的问题来寻求社会工作者的帮助；后者是社会工作者发现个人、家庭或团体存在问题而主动要求为其提供帮助。受社会工作发展程度的影响，在我国受助者主要属于后者。二是进行初步评估。初步评估的主要任务是界定、确认案主的问题，并对照机构功能看是否能够处理。三是建立专业关系。专业关系是指社会工作者以一个专业人员的身份与案主之间所建立的助人关系，这是一种职业关系。

社会工作者与受助者之间的关系是一种高度互动的关系，怎样通过一定的关系保证助人目标的实现，是在专业发展中逐步确立的一个核心问题。社会工作者和受助者之间的专业关系被认为是其他一切工作的基础，甚至是灵魂或基石。平可斯和米纳汉提出了专业关系的三个基本特征：第一，社会工作专业的关系是社会工作者为了实现专业目标而建立起来的，依据专业目的和工作计划建立与终止；第二，在专业关系中，案主的利益高于社会工作者的利益，社会工作者要为实现案主的利益、满足案主的需要而工作；第三，建立专业关系的基础是客观的，社会工作者必须有明确的摆脱个人烦恼和情感需求的自我意识，对他人的需求有敏锐的感知能力。

（二）收集资料与预估

资料的收集是在与受助者建立专业关系后所进行的一项工作，也是下一步计划制定的前期准备工作。在这一阶段，社会工作者可以通过家访、观察、访谈等技术，深入了解、搜集案主的经济状况、家庭及互动关系、成长历程、社会适应力、可用资源及当前问题等资料。在对受助者的相关资料有了详尽的了解后，社会工作者就需要对受助者的情况做出初步的评估。整合各类资料，探究案主的具体问题和需要，然后根据相关原理，剖析其原因及其后果，为提出介入思路提供参考。

（三）计划

计划也称规划，即针对案主的问题和需要设立工作目标及实施方案的过程。这一阶段的主要任务有：一是制定目标，包括最终目标和阶段性目标。目标的制定要尊重、参考受助者的意愿及其实际能力。二是选择并确定介入行动，即介入方案、实施方案。三是达成工作协议。为了保证助人活动的顺利进行，社会工作者还应该与案主达成口头或书面的协议，以明确目标、行动计划、互动规范及服务双方角色等事宜。另外，在制订计划时应该遵守可行性、具体性、参与性、弹性（灵活性）及系统性（整体性）等原则。

（四）介入

介入又称干预，是整个社会工作服务的核心部分。介入即社会工作者运用专业知识、技巧与方法推进工作计划，达成目标的过程，也就是方案的实施过程。介入是实际采取行动，促使案主改变，帮助案主解决问题的阶段。社会工作可以协助案主抒发、调节情绪，改变不良的观念与看法，修正偏差行为，同时促进环境的改变。在计划实施时，社会工作者要注意发挥受助者的主观能动性，充分相信他们的潜力，并积极利用外部资源以达到目标的实现。

（五）评估

评估是对前期的助人活动进行总结与反思的过程。评估指标包括阶段性目标与最终目标制定的合理性、实施方案的有效性、案主的感受、社会工作者运用的方法与技巧的恰当程度等内容。评估一方面有利于社会工作者的自我反思以提升其工作技巧；另一方面通过受助者的参与，可以帮助其回顾整个受助过程，增强其自信心及自我接纳程度，以此提高其解决问题的能力。

（六）结案

社会工作者为案主提供帮助的最后一个环节就是结案阶段。一般情况下，结案是当介入计划已经完成，介入目标已经实现，服务对象的问题已经得到解决，或者服务对象已有能力自己应付和解决问题，即在没有社会工作者的协助下可以自己开始新生活时，社会工作者和服务对象双方根据工作协议逐步结束工作关系所采取的行动。

第二章 社会工作的发展历程

第一节 西方社会工作的发展

　　社会工作源于贫民救济或慈善事业。社会工作是伴随工业化引发的社会问题而产生的，工业化先行国家解决社会问题的理念和方法为社会工作的产生奠定了实践基础。这种多半由教会或私人举办的、无组织的个人施舍或慈善，成了此后有组织的社会救济和社会服务乃至全国性社会保障制度的基础。从世界范围看，早期的社会工作都源于贫民救济或个人的慈善事业。那时的社会工作还仅限于局部的、暂时的救助行为，直到1601年英国济贫法案的通过与实施，这种救助行为才逐渐程序化与制度化。但专业社会工作仅有百年的历史，1917年美国的社会工作鼻祖玛丽·里士满出版了《社会诊断》一书，这标志着社会工作作为一种专业开始发展起来。

一、工业革命时期的社会工作

（一）英国《济贫法》

1. 产生背景——圈地运动的后果

　　15世纪末16世纪初，欧洲直通印度的新航线的开通和美洲大陆的发现，以及环球航行的成功，使英国的对外贸易迅速增长。处于欧洲大陆西北角的佛兰得尔地区毛纺织业突然繁盛起来，在它附近的英国也被带动起来。毛纺织业的迅猛发展，使得羊毛的需求量逐渐增大，市场上的羊毛价格开始猛涨。英国本来是一个传统的养羊大国，这时除了满足国内的需要，还要满足国外的羊毛需要。因此，养羊业与农业相比，就变得越来越有利可图。这时，一些有钱的贵族开始投资养羊业。

　　养羊需要大片的土地。贵族们纷纷把原来租种他们土地的农民赶走，甚至把他们的房屋拆除，把可以养羊的土地圈占起来。一时间，在英国到处可以看到被木栅栏、篱笆、沟渠和围墙分成一块块的草地。被赶出家园的农民，则变成了无家可归的流浪者。这就是圈地运动。

　　英国的圈地运动从15世纪70年代开始一直延续到18世纪末，英国全国一半以上的土地都变成了牧场。在圈地运动的发展过程中，虽然英国国王进行了一定程度的限制，颁布了一些企图限制圈地运动的法令，但这些法令并没起到多大的作用，反而使圈地日益合法化。

圈地运动造成大量农民背井离乡，失去了自己的家园。他们或是到处流浪，或是进入城市的毛纺织工厂做工，生活陷入了悲惨的境地，也带来了巨大的社会问题。失去了土地的农民也随之失去了延续很久的生活保障模式，他们陷入贫苦无依的境地；进入城市做工的人居住条件十分恶劣，工资没有保证，疾病蔓延，道德沦丧，社会动荡不安。在这种背景下，英国伊丽莎白女王颁布了《济贫法》，从而拉开了社会工作专业兴起的序幕。

由于圈地运动以及工业化、城市化的影响，英国当时的城市贫困问题较为严重。为了解决贫困问题，最先由教会开办济贫事业，后来政府逐渐接手上述工作。伊丽莎白执政以来，颁布了一些济贫法案，其中以1601年的《济贫法》最著名。

2.《济贫法》的颁布

英国产业革命开始最早，社会对贫穷问题威胁的感受也最深，其济贫事业也最发达。18世纪60年代，英国首先完成了工业革命。工业革命的发展，造成了农民的破产，并造就了大量的失业人群和贫困人口。最初，英国的济贫事务由教会办理，到了16世纪贫民数量迅速增长，教会财力已不堪重负，于是改由政府接办。伊丽莎白女王登基执政后，针对贫穷问题曾颁布了一系列济贫法案，其中较有影响、较完备的是1601年颁布的《济贫法》（又称"伊丽莎白第43号法"）。《济贫法》正式承认政府对济贫负有责任，并建立了初步的救济行政制度与救济工作方法。该法案的颁布成为西方救济事业的重要里程碑，它表明政府开始关心社会救济工作，也是各国现代社会救济事业的开端。

《济贫法》主要包括以下内容。

①每一教区每周应向地主征收济贫税。

②贫民救济应由地方教区举办，每一教区设立监察员若干人，中央政府设立监督人员。

③凡有工作能力的贫民必须参加劳动，以工作换取救济（这可以看作是以工代赈的发端），不得行乞游荡。教区设贫民习艺所，配给原料及工具，强迫有劳动能力者从事生产。

④禁止无家可归者及无业游民行乞游荡，设济贫所收容救济，强迫其在济贫所里工作。

⑤救济工作分院内救济与院外救济两种。对有家庭者给予家庭补助，使其回家从事生产（院外救济），对无家可归者实行院内救济。

⑥规定人们对贫穷亲属负有救济的义务。教区即公共救济机构仅在贫民无法从其家人或亲属处获得帮助时，才给予救济。

⑦将贫民分为三类，并给予不同的救济方式：一是体力健全的贫民，须强迫入"习艺所"或"感化所"工作；二是不能工作的贫民，如患病者、老人、残疾人，令其进入"救济院"或施以院外救济；三是失去依靠的儿童，包括孤儿、弃儿或父母无力抚养的儿童，设法领养或寄养。

《济贫法》表明了政府对无力自供者的救济义务，奠定了政府主持社会救济的方式，成为各国社会救助的依据。政府参与、专人负责、院外救济等也隐含了社会工作的观念与方法。

（二）德国汉堡制与爱尔伯福制

1. 汉堡制

德国也是工业革命开始较早的国家之一，所遇问题与英国类似。为解决日益严重的贫民问题，德国汉堡市于1788年开始实行一种比较有特色的救济制度，史称"汉堡制"。"汉堡制"是按布希教授起草的计划制定的，它规定在该市设一中央办事处，综合管理全市救济业务。全市按救济需要设立若干区，每区设监察员一人与赈济员若干人。他们的具体工作内容如下：为失业者介绍工作；将贫苦儿童送往职业学校习艺；将患病者送往医院诊治；对沿街乞讨者不准施舍，以取缔无业游民，并不使贫民依赖成习。"汉堡制"施行了13年，取得了一定的成效，但后来因城市人口增加太快、救济人员不足而趋于衰微。

2. 爱尔伯福制

1852年，德国另一小城爱尔伯福仿效"汉堡制"并对其加以改良，提出了"爱尔伯福制"，对后来的救济工作也产生了一定的影响。其具体做法如下所述。

①将全市划分为564段，每段约有居民300人，其中贫民不得超过4人。

②每段设赈济员一人，由政府委派地方热心人士担任，为荣誉职。

③赈济员负责如下工作：一是发放赈济款，接洽求助者。接案后，赈济员应首先赴求助者家庭做家境调查，经调查确实需要救济方能给予帮助。救济实施后，每两星期再前往调查一次。按照法律所规定的最低标准发放赈济款，不许贫民养成依赖心理。二是从事段内贫穷的预防工作，如介绍职业、训练与管理游民等。

④全市每14段设一赈济区，每区设监察员一人以领导区内各段赈济员，并由区内14段联合组成一赈济委员会，由区监察员任主席，每两星期开会一次，讨论有关全区赈济工作。

⑤全市设立由各区联合组成的中央委员会，由九名委员组成，作为全市最高救济机关，统一管理、支配全市济贫所、医院及院外救济事宜，每两星期开会一次。

德国的汉堡制和爱尔伯福制的做法虽有所不同，但两者都遵循着助人自助、不让贫民养成依赖心理的原则，并且都有相应的济贫组织管理架构与程序。这些原则与做法对于后来专业社会工作的形成产生了深远的影响。

（三）英美之慈善组织会社与睦邻组织运动

1. 慈善组织会社

随着工业化的深入发展，《济贫法》已不能有效地解决与日俱增的贫困及失业问题。在这种情况下，各种目的不同的慈善组织纷纷出现，进行征募捐款、救济贫民。由于这些组织互相独立、各自为政，出现了一些资源浪费等现象。在这种情况下，索里牧师参考"汉堡制"及"爱尔伯福制"的做法，建议成立一个组织用以协调政府与民间组织的各种慈善活动。1869年在伦敦成立了第一个慈善组织会社。该会社受托马斯·查默斯理论的影响，主张个人应对自己贫穷负责，接受公共救济将损害贫民的自尊心、进取心与道德观念，致使他们依赖救济为生。因此，该会社强调贫民应尽其所能以维持其本人的生活，外来力量只在必要时才介入救济。

慈善组织会社实施救济的具体方法如下所述。

①成立一个中央管理与联系机构，并将伦敦全市划分为若干区，每区设置一个分支机构，成立志愿委员会，主持救济物资的分配工作。

②各区办理区内所有救济机构受理申请救济案件的总登记，另设咨询部，供济贫法执行人员、各慈善组织及个别慈善家搜集有关申请救济者的材料，以避免"求助"的职业乞丐重复申请救济的现象。

③各区有专人对所有申请人进行详细调查，包括他们的住房、健康、教育及工资等情况。

④提高救济款物配额，使之能够满足申请人的生活需要。

1877年，美国的布法罗市成立了美国第一个慈善组织会社。该会社在对贫民进行救济时，力求克服救济机构间工作重复的现象，以节约经费。会社强调对个人或家庭的需要予以调查，以保证所提供的经济救助是给予那些"值得救济的贫民"，即最有可能成为自主自助、维持自己生活的救济申请者。对于那些"不值得救济的贫民"，则应强迫他们在救济院或习艺所内改变他们的生活方式。

慈善组织会社的实践极大地促进了社会工作专业化进程。一方面，慈善组织会社派出的友善访问员所开展的个别调查成了个案工作的开端。访问申请救济者，以了解他们的背景并确定应采取的措施。它强调依据调查，按个别情况的不同对每一案件做出不同的处理。这种强调"个别化"的做法，促进了"个案"这一社会工作专业方法的产生。另一方面，慈善组织会社对各种救济组织和个别慈善家的救济活动进行统一协调，并促使各种救助机构在社区层面上解决问题，这为社区组织工作的发展奠定了基础。

2. 睦邻组织运动

继慈善组织会社后，英国又兴起了睦邻组织运动。睦邻组织运动，也被称为"社区改良运动"，通过对社区进行改良来实现助人目标。自1884年英国在伦敦东区贫民区首创汤恩比馆后，美国也于1886年创立了睦邻组织。该运动源于英国维多利亚女王时代，其产生背景如下：一是产业革命和政治革命虽然促进了工业化和城市化，但同时造成了社会贫富的两极分化；二是当时英国的社会科学研究者和社会工作者致力于对社会问题进行实地研究和实际解决。一些人认为让受过高等教育的人和贫民共同生活，不但可使贫富打成一片，实现政治平等与民主，而且可使贫民获得接受教育和享受文化生活的机会。同时，知识分子与贫民共同生活，可促进对贫困问题的深入了解和合理解决。

汤恩比馆的建立意味着睦邻组织运动的兴起。汤恩比馆创始人巴涅特早年就读于牛津大学，毕业后到伦敦东区任牧师。伦敦东区是当时伦敦最贫穷的教区之一，有很多失业者、患病者，教区居民生活环境极差，生活十分艰苦。巴涅特目睹了教区居民的艰苦生活，他决心改变教区的面貌，改善居民的生活条件。他举家迁入教区内居住，并在社会上奔走呼吁，动员人们为改造他所在的社区努力。当时有众多就读于牛津大学和剑桥大学的贵族子弟前往教区与贫民共同生活，了解他们的生活状况，并研究解决办法。汤恩比是牛津大学的经济学讲师，一位虔诚的基督徒，与巴涅特志趣相投，致力于贫民服务且与贫民共同生活。不幸的是，汤恩比因患肺病于1883年去世，年仅30岁。为纪念亡友汤因比，巴涅特于1884年在其教区建立了一个大学社区睦邻服务中心，取名为"汤恩比馆"。

汤恩比馆实际上是一个"社区服务中心"，其主要特点如下：设于贫民区，备有宿舍，所有工作人员与贫民共同生活；没有既定的工作计划，视居民实际需要而工作；尽量发动当地人才，培养其自觉的互助合作精神，为社区服务；社区睦邻中心不仅是服务中心，而且是文化中心，向居民介绍本国及国外文化。

汤恩比馆成立后，其服务模式得以迅速推广。睦邻组织运动不仅成为英国社会改良运动的一种新潮流，而且引发了世界上许多其他国家的效仿，其中以美国最为典型。1886年，柯义特在纽约创办了美国第一家睦邻服务中心——邻里指导中心。到1939年，全美社区睦邻服务中心已达500多所，其中尤以琼·亚当斯于1889年在芝加哥创办的"赫尔馆"最具影响力，它不仅致力于解决社会居民所面临的问题，而且为居民的发展创造条件。

睦邻组织运动旨在寻求个人与社会生活的改善，以促进全面的社会福利为目的。该运动将整个社区作为工作对象，在工作方式上强调从个人与社会双方同时入手并重视发动、组织社会力量积极参与。睦邻组织运动，在社会工作发展史中占据着十分重要的地位，它为社区工作方法的形成与发展奠定了坚实的基础。

（四）现代社会保障制度的建立

社会保障制度是以国家或政府为主体，依据法律规定，通过国民收入再分配对公民暂时或永久失去劳动能力以及由于各种原因发生困难时给予物质帮助，保障其基本生活的制度。社会保障制度是当今世界上众多国家都在实施的一项社会政策，也是一个国家经济制度的重要组成部分。

现代社会保障制度发端于工业革命的发源地英国。1834年，英国政府颁布并实施新《济贫法》。新《济贫法》和17世纪初颁布的旧《济贫法》相比，突出特点是：认为要求社会救济属于公民的合法权利，国家依法实施救济则是义不容辞的义务；认为救济不是单纯的消极行动，而是一项积极的福利举措。这显然与旧《济贫法》将救济视为施舍不同。新《济贫法》的意义在于它标志着社会保障制度在政府的积极干预下，开始迈入法制化、专业化的新时期。新《济贫法》的实施，是慈善救济向社会救济的转化，是国家作为社会保障主体的开始，但真正意义上的社会保障制度则是伴随着工业革命后生产社会化和市场经济的建立而产生的。

西方社会保障发展史上最具影响的事件是发生于19世纪80年代由德国俾斯麦政府发动颁布并实施的一系列社会改革，它使得作为现代社会保障制度的核心——社会福利，第一次出现在历史舞台上。德国是世界上最早以立法形式推出社会保险计划的国家。1870年德国爆发了严重的经济危机，导致工人阶级斗争的迅猛开展，工人群众强烈要求国家立法给他们提供经常性的生活保障。德国俾斯麦当政时期，根据当时形势的需要，以兴起、盛行于西欧的各种民间保险及商业保险为蓝本，并吸取欧洲一些国家早年就已出现的以国家干预的形式实施社会救济的经验，于19世纪80年代积极推动议会通过了一系列社会保险法案，并颁布实施：1883年建立了健康保险计划，由劳工缴纳保险费的互助基金会管理；1883年通过了工伤保险计划，由雇主协会经管；1889年实行老年退休保险，由各州政府管理。在俾斯麦政府的社会保险计划中，工人、雇主与国家各自承担相应的义务，从而建立了当时世界上最完备的工人社会保障制度。

继德国实施社会保险之后，英美等其他国家纷纷仿效，一个时期内在资本主义世界形成一股潮流。英国保守党政府早在1875年就通过了《公共健康法》，1905年又通过了《失业工人法》。1908年自由党政府在工党支持下通过了《退休金法》，1909年通过了《劳工介绍法》。1911年英国议会通过的《国民保险法》，包括工人医疗保险和失业保险。法国、奥地利、丹麦、芬兰、意大利、荷兰、瑞士、瑞典、比利时等也相继建立了以社会保险为核心的工人社会保障制度。美国、日本作为后起的工业化国家，实施社会保险的时间较上述国家稍晚一些。美国曾经是最崇尚自由的资本主义国家，但面对1929年开始的席卷全球资本主义世界的经济危机，新上台的罗斯福政府不得不引进政府干预，实施"新政"。1935年，罗斯福政府颁行了美国历史上第一部社会保障法典《社会保障法》。据此，老年社会保险、失业社会保险等得以实施。亚洲的日本于1921年颁布《健康保险法案》，1927年实施；1939年颁布《船员保险法》，为船员建立了年金保险制度；1942颁布《劳动者年金保险法》，建立了劳动者年金保险制度；1947年又分别颁布了《失业保险法案》《工伤保险法案》，并据此建立了相应的社会保险项目。

上述社会保障制度的建立与实施，一方面使社会福利范围由社会救助扩展到社会保险，由此人们的生活有了更多的保障。另一方面，为社会工作的建立和发展奠定了坚实的制度基础。事实上，国家通过制定法案或政策，执行对社会福利的管理，使作为间接社会工作方法的社会行政开始登上历史舞台。

（五）《贝弗里奇报告》及"福利国家"的兴起

"福利国家"一词最早出现于1941年英国大主教威廉·邓普所出版的《公民与教徒》一书中。

"福利国家"总设计师则是英国著名的经济学家、社会活动家威廉·贝弗里奇。早在第一次世界大战爆发前，贝弗里奇就曾帮助英国政府设计起草了1911年颁布实施的失业保障法案。此后英国政府颁发的《老年保险法案》《健康案》两部法案中也体现了贝弗里奇的"保险费由雇主与雇员分摊"等投保思想。1942年11月，受英国政府的委托，贝弗里奇向英国内阁提交了《社会保障及有关服务》的长篇报告，即《贝弗里奇报告》。报告提出，要在战后重建英帝国必须首先铲除疾病、贫穷、愚昧、怠惰和匮乏"五害"，同时必须建立一套"从摇篮到坟墓"的社会福利措施。该报告设计了完整的社会福利制度，提出从儿童补助、养老金、残疾补助、丧葬补贴、丧失生活来源补助、妇女福利和失业救济七个方面为社会成员提供社会保障。另外，报告还指出，英国应该推出面向城乡全体国民的社会保障制度，不分种族、信仰、财产状况，只要达到规定的年龄就有权享受退休金；大力开展社会救助活动，并在国家保险外，发展商业性人身保险，等等。

《贝弗里奇报告》对英国政府乃至西方各国实施普遍福利的社会保障政策产生了巨大影响。英国政府自1945年起相继颁布了《国民保险法》《国民卫生保健服务法》《家庭津贴法》《国民救济法》等一系列社会保障法案。1948年，英国首相宣布英国已成为"福利国家"，贝弗里奇也因此获得了"福利国家之父"的称号。在现代社会保障制度发展史上，《贝弗里奇报告》是一份具有显著的划时代意义的历史性文献。这份报告不仅对英国社会保障制度的建立产生了深远的影响，促成了英国现代福利国家的建成，对瑞典、芬兰、法国、意大利等欧洲国家福利制度的建设也具有重要的意义。

继英国后，瑞典、法国、丹麦、挪威、联邦德国、比利时、荷兰、瑞士、芬兰、意大利等国纷纷致力于福利国家的建设，建立并完善社会保障制度，并先后成为"福利国家"。另外，美国、澳大利亚、日本、新西兰等国也仿效"福利国家"的相应做法，积极构建本国的社会保障体系。

"福利国家"的出现极大地促进了社会工作专业化的发展进程，它不仅使社会福利行政得到了空前的发展，社会工作作为一项基本制度也受到高度的重视。同时，社会工作的服务对象也由弱势群体开始转向全体国民。

二、西方社会工作专业的发展

（一）关于专业标准的问题

社会工作是否能够成为一种专业，是其发展过程中不可回避的一个核心话题。目前关于专业标准问题的探讨很多，比较典型的有以下几种。

1. 特质论

格林伍德在1957年提出了专业的五个基本特征。他指出作为一门专业，应该具备五个基本要素，即一套系统的理论、专业权威、道德行为守则、社会或社区的认可和专业文化。具体如下：一套系统的理论，即有一套系统的理论体系或专业知识技术；专业权威，专业人员对案主拥有判断的专利权，案主也可由这种专业的权威获得安全感；道德行为守则,即有一套共同信守的专业工作守则或信条,如客观、保密等;社会或社区的认可,社会人士或社区居民承认该专业在一定范围内的权利与特权;专业文化,包括专业的价值观、象征符号、行为规范等。按照这个标准,格林伍德认为当时的社会工作已成为一个专业。

格林伍德关于专业判断标准的观点,在学术界影响很大并被广泛引用,也被称为"特征论"或"特质论"。

2. 过程论

威伦斯基认为,每个专业的发展都如同生命的发展历程一样,有共同的发展阶段。他指出作为一个专业其发展所经历的过程应该为:开始出现全职的工作需要;倡导者开始关注技术的掌握、培训和实践的标准,并设立培训学校;教育者和实务工作者推动建立更有效的组织,即专业协会;出现对技术垄断的法律保护;采用正式的行为守则。

3. 权力论

"权力论"则认为,专业并非是一种理性的界定,而是一种职业成就的社会评价结果。哪种职业在社会分工中占有比较重要的地位,它就可以自行操控其工作的本质。也就是说,一种职业的可替代性越低,那么它所拥有专业的界定就越明显。

拉尔森曾提出,专业是具有特定权力和声望的职业。社会之所以赋予专业以权力和声望是因为专业具有与社会制度的主要需求和价值观相联系的特定知识体系,并且致力于服务公众。

根据这些判断标准,目前的社会工作很显然已经成为一种专业。

(二)专业社会工作的发展

一般认为,西方专业社会工作源于19世纪末英国的慈善组织会社与在英美兴起的睦邻组织运动,玛丽·里士满在1917年发表的《社会诊断》一书则是社会工作专业化的一个正式起点。20世纪初,随着社会工作实践的不断发展,社会各界对社会工作的关注与日俱增,对于社会工作专业化问题的探讨也越来越多。

最先明确质疑社会工作专业地位的是弗莱克斯纳。1915年美国召开了全国慈善与矫治委员会会议,弗莱克斯纳在会上发表了题目为《社会工作是一种专业吗?》的学术报告,其中提到作为一门专业应当具备的六个条件,即"伴随个人责任的智慧性操作""专业素材来自科学与学习""这些素材应当趋向实用且轮廓分明""拥有可教育的沟通技术""趋向自我组织"和"在动机上逐渐养成利他性"。根据上述六个条件,弗莱克斯纳给出了如下结论:社会工作还不能称为专业。至此,虽说"社会工作是一种专业"得到了否定,却让社会工作者看到了努力方向,社会工作专业化也由此进入了快速发展阶段。

1. 社会工作知识体系的建设及三大方法的形成

早在1898年,玛丽·里士满就出版了《贫民中的友善访问》一书,开始了社会工作理论总结的历程。1917 年，玛丽·里士满的《社会诊断》问世，其基本宗旨是要使社会工作的方法成为一门独立的知识，使社会工作的技术成为一种可传递的技术。该书的出版不仅为个案工作方法的形成奠定了基础，同时成为专业社会工作发展史上的一个里程碑式的事件。1922 年，玛丽·里士满又出版了《什么是社会个案工作》一书。她在这些著作中从宏观上探讨了社会工作在社会结构中的重要地位，具体讨论了社会诊断程序、生活环境、家庭关系以及社会资源在社会工作过程中的意义，重点总结了个案工作的模式和方法。她认为个案工作是"一个通过调节可预见的结果、人与人间的关系、人与其环境的关系来发展人的个性的过程"。与玛丽·里士满同时代的其他学者也做了大量工作，提出了"生态模式""人在情境中""问题解决模式""生活模式"等概念。这些助人模式的提出使社会工作摆脱了仅凭善心、经验为贫民提供帮助的状态，社会工作也随之步入以系统的助人知识为基础的专业化助人阶段。

《社会诊断》一书的出版奠定了社会工作个案方法的基础。直到 20 世纪 40 年代，个案工作一直是社会工作的主要方法。随着弗洛伊德精神分析心理理论的发展及其向社会工作领域的渗透，受其影响社会工作者开始注重案主个人经验尤其是早年生活经验对于当前行为的影响。这时的社会工作者不再只是关心贫民的慈善布施者，同时成为关注并能解决个人心理问题的社会医师。就社会工作专业知识的发展而言，玛丽·里士满的思想成为个案工作诊断派的起源。此外，汉密尔顿奠定了个案工作心理分析的学理基础。个案工作中颇具影响的功能派也在这一时期形成，而问题解决派则形成于 20 世纪 50 年代。

个案工作方法得到不断发展的同时，社会工作另一重要专业方法群体工作，即小组工作，在 20 世纪 30 年代开始形成并受到重视。柯义尔于 1930 年出版的《组织群体内的社会过程》一书，奠定了群体工作的学理基础。1939 年，在美国社会工作会议上，社会小组工作成为其中一个独立的小组，这表明小组工作已受到人们的更多关注。1946 年，小组工作方法开始被作为和个案工作同样重要的方法看待。1955 年，美国小组工作者协会并入美国社会工作者协会。

和个案工作与小组工作相比，社区工作方法的形成及获得专业地位的时间相对较晚。1939 年，兰尼领导的研究小组在美国社会工作会议上提交了一份《兰尼报告》，使社区组织的理论、理念为大家所了解，社区工作方法为大家所接受。1944 年社区组织被列入社会工作专业课程中，1946 年召开的美国社会工作会议上成立了"社区组织研究协会"。1950 年召开的美国社会工作会议上，社区组织被正式列为社会工作的专业方法之一。社会工作三大基本方法的形成，对于社会工作专业训练及实务的开展发挥着重要的作用。

大量事实表明，社会工作在 20 世纪初至 20 世纪 50 年代已经形成了自己独特的研究领域、理论体系和研究方法。玛丽·里士满等人的努力将人们在济贫活动中积累的实践经验提升为一套可以传播的专业知识体系，这为社会工作专业教育提供了基础。

2. 社会工作教育的发展

社会工作教育的发展一方面成为社会工作专业化的重要标志，同时是社会工作助人实践的需要。随着慈善组织会社运用友好访问员工作的开展，对访问员的培训已变成一种必要。同时对解决社会救助、社会保险等社会问题的工作人员进行专门培训也成了一种社会需求，各国开始纷纷建立相应的培训机构。1893年在英格兰由济贫院和英国慈善组织会社建立了两年制的慈善培训学校，开创了社会工作训练和教育的先河。1898年美国纽约慈善组织会社开始对受薪的社会工作者进行6周的夏季训练，以提高他们的专业技能和专业服务的质量。1904年将训练时间延长为1年，1910年又改为2年并成立纽约慈善学院（1962年纽约慈善学院改为哥伦比亚大学社会工作学院）。至1919年，美国已经建立了17所社会工作学院。20世纪30年代末期，美国出现了两年制的社会工作硕士学位课程。

20世纪40至50年代末，社会工作教育在美国、英国、荷兰、挪威等发达国家已呈普及趋势，形成了以社会工作理论和方法为教学内容的高等教育模式。20世纪50至60年代，美国公立大学纷纷设立社会工作的科目、系所及社会工作学院，逐步形成了面向不同人员的社会工作文凭教育、学士学位教育、硕士学位教育及博士学位教育等较为完善的社会工作资格教育体系及模式。随着社会工作教育的开展，社会工作的专业地位及社会地位得到了日益的巩固与发展。

3. 社会工作专业组织的发展

早在1918年美国就成立了"美国义务社会工作者协会"。1919年成立专业社会工作训练学院协会，1927年改为美国社会工作学院协会，于1944年提出社会工作专业的八门核心课程，即个案工作、小组工作、社区组织、公共福利、社会行政、社会研究、医疗知识、精神病和医疗机构知识。1946年，全国社会工作教育审议会成立，1952年更名为社会工作教育审议会。该审议会是由大学、专业协会、志愿机构及政府机构联合组成，其职责是审查各学校举办社会工作教育的资格，其审查的内容包括课程标准、教师聘任、图书设备、行政组织等。同时，该审议会极大促成了社会工作教育标准的统一。1955年美国为了协调不同专业组织，成立了"全国社会工作人员协会"，使美国社会工作专业有了更大的发展。该协会章程指出，协会成立的基本目的是通过发展社会工作专业知识体系和促使专业提升专业标准两个途径来提高社会工作专业的服务质量。同时，章程声称协会有责任使社会工作专业成为统一的整体，也有对社会工作者资格与实务的专业性进行认定及向社会解释宣传社会工作者的作用等任务。社会工作人员协会在一个国家范围内的建立，可以说对这个国家社会工作专业的发展具有极其重要的意义，这标志着社会工作专业在这个国家的成熟。

英国在20世纪60年代成立了社会工作者训练委员会和英国社会工作者协会，分别负责对社会工作者的训练、评估、资格认证工作，以及审核社会工作课程标准、颁授社会工作专业证书。这些权威性的专业社会工作部门的成立，进一步推进了社会工作的专业化、行业化进程。

国际性的社会工作组织者联盟成立于20世纪50年代。1956年，以55个国家专业性社会工作人员协会为基础，国际社会工作者联盟成立于德国慕尼黑。国际社会工作者联盟，是一个联系世界各国专业社会工作者的国际性权威组织，也是当今最富权威的社会工作者的国际组织。国际社会工作者联盟的目标如下：通过国际基础上的合作与行动，特别是就业标准与规范、培训与训练、职业道德和工作条件等领域的国际合作，促进专业社会工作的发展和专业化水平的提高，促使还未建立全国性社会工作者协会的国家建立该组织，加强社会工作者之间的联系；支持国家协会在国家和国际层面上促进社会工作者参与社会规划和社会政策的制定；通过会议、考察访问、研究项目、交换出版物和其他沟通手段，鼓励和加强世界各国社会工作者之间的接触，并为讨论和交流观点提供方便；通过在国际层面上与国际性组织、各国政府或是志愿机构建立关系，在实施或感兴趣的社会福利领域提供社会规划、社会行动和福利计划等专业帮助，以便在国际组织中提出有关建议，以实现国际性的福利项目。

由此可以看出，这个国际性专业组织的建立对于推动国际社会工作的发展、促进社会工作功能的发挥具有极其重要的作用。当前，人类已经步入知识时代，贫富差距将会越来越大，竞争也将越来越激烈。随着社会问题多样性的变化，社会工作也将面临更多的挑战。同时，我们应该看到，随着科技的发展，社会工作者国际的合作已经成为一种事实。国际社工组织的发展也必将给社会工作的发展创造更多的机会。

第二节　我国社会工作的发展

社会工作作为一门学科和一种专业手法，是为解决西方工业革命及现代化进程中出现的一系列社会问题而产生的。社会工作在我国的兴起和发展较晚，20世纪80年代，专业的社会工作才开始真正传入中国。

一、我国古代的社会福利思想及实践

现代社会工作是工业化、城市化及现代化的产物。在我国古代历史上，尚未出现专业意义上的社会工作，但有关社会福利的思想和实践一直都很丰富。历史悠久的中华民族自古就以儒家仁爱观念为基础，提出了人类早期的社会福利思想并付诸实践。一些古代杰出的思想家对社会福利问题的精辟论断，即使在今天也有着一定的借鉴意义。

在我国，早在春秋战国时期提出的"大同"社会理想就包含了一定的社会福利思想。孔子在《礼记·礼运·大同》篇中提出："大道之行也，天下为公。选贤举能，讲信修睦，故人不独亲其亲，不独子其子，使老有所终，壮有所有，幼有所长，矜鳏寡孤独废疾者皆

有所养，男有分，女有归。货恶其弃于地也，不必藏于己；力恶其不出于身也，不必为己。是故谋闭而不兴，盗窃乱贼而不作，故外户而不闭，是谓大同。"孔子所描绘的"大同"社会是他理想中的"福利社会"，在孔子的思想里"天下为公"是大同社会的最高境界。大同思想的提出影响深远，不仅影响着我国早期的社会福利措施，同时是现代社会福利政策形成的重要思想基础。东晋时期的《抱朴子》、陶潜的《桃花源记》、宋代康与之的《昨梦录》、洪秀全的《原道醒世训》均对孔子提出的大同理想进行了描述。1902年清末思想家康有为著的《大同书》、孙中山的民生主义等都是大同社会思想的反映。

另外，孟子提出的"老吾老以及人之老，幼吾幼以及人之幼"等互助思想。墨家提出的"兼爱"思想，《墨子·尚贤下》中主张"有力者疾以助人，有财者勉以分人，有道者劝以教人。若此，则饥者得食，寒者得衣，乱者得治"。法家提出的"实利"思想，《管子·入国》中提出调节贫富悬殊，富民以富国，实行老老、慈幼、恤孤、养疾、合独、问疾、通穷、振困、接绝等"九惠之教"。道家提出的"无为"思想，反对上"多为"，主张下"有为"（《庄子》），以"甘其食，美其服，安其民，乐其俗"（《老子》）为理想社会之内容。这些主张都包含着丰富的社会福利思想，对于我国古代乃至今天的社会工作都有着一定的指导意义。

尽管我国古代有着丰富的社会福利思想，但社会福利事业并没有得到相应的发展。传统中国以家庭、家族为基本社会组织，其经济基础为自给自足的小农经济。人们在遇到贫困、疾病、鳏寡等问题时，主要依靠家庭、家族来解决。同时，如遇瘟疫、洪涝、干旱等灾害时，政府及民间通常会采取一些临时性的救济措施而没有形成制度化的救济事业。从历史发展来看，中国古代最有影响的社会救济措施当属仓储制度，历代统治者都特别注意囤积粮食以备不测。古代中国通过仓储实施救济有常平仓、义仓、社仓三种类型。常平仓，其意为"常持其平"，为汉宣帝设立。即在价低时由政府买入谷物储存，谷贵时再以低价售出，以此救济百姓，使其安度荒年。常平仓的设置断断续续一直延续到魏晋南北朝时期。义仓，出现在隋文帝时期，它或由政府征收粮食建立，或由富户捐粮储存而形成。遭遇灾荒时，则开仓济民。到了宋朝，义仓制度因管理不善而废止。社仓，则起源于宋朝。宋朝朱熹制定社仓法，鼓励民间自行捐集粮食，自行管理仓。遇到荒年或青黄不接时，则开仓济民。社仓虽为民间所设，但政府对其进行监督。直到民国时期，社仓还在一定形式上存在。

另外，中国古代还存在一些其他的社会救济方式，如赈谷、赈银、施粥、居养及政府对灾民、贫民的施医、施棺等方式。

二、近代中国的社会工作

19世纪中期以后，受外国资本主义列强的侵略及本国民族工业发展的影响，我国开始进入近代社会。进入20世纪后，我国社会发生了巨大变化，国内政局动荡，社会危机长期持续。同时随着西方列强经济、军事、文化的入侵及中国人自觉向西方寻求民族自救的道路，西方文化也以各种方式进入中国。西方宗教试图通过"慈善"行动对近代中国进行文化侵略，但其也在一定程度上改变了近代中国的传统慈善观念及方式，为近代中国专业社会工作的萌芽提供了理念及示范方式。到了"中华民国"时期，现代意义上的社会工作即专业社会工作在我国开始萌芽。采用日本的译法，当时的社会工作被称为"社会事业"。

中国现代意义上的社会工作产生于20世纪20年代末30年代初。这一时期，随着社会学在中国的出现，社会工作也开始起步，出现了与社会工作相关的团体，同时出现了一批重要的社会工作理论研究著作。这些著述在反映当时中国所存在的社会问题和有困难的人们生活状况的基础上，提出了与中国实际相吻合的社会工作理论和方法，为当时中国社会工作的开展提供了理论指导。

在中华人民共和国成立前的几十年时间里，社会工作有了一定的发展，专业社会工作已见端倪，主要表现在以下几个方面。

（一）社会工作专业教育初具规模

19世纪末20世纪初，中国一批欧美留学生和爱国人士将社会学和社会工作专业学科带回中国，社会工作教育也随之得到了相应的发展。到了19世纪30年代，已有约20所大学设有社会学系，其中燕京大学、沪江大学、金陵大学、金陵女子大学、复旦大学、东吴大学、华西大学、齐鲁大学等高校的社会学系开设了社会工作专业或相关课程，并各自设有社会工作实践基地，如沪江大学的"沪东公社"、金陵大学的"友邻社"等。这些机构为中国培养了早期的专业社会工作者。

这一时期出现了一批社会工作相关著作、教材，它们大多出版于20世纪40年代，其中有钮长耀著的《社会工作（初稿）》、社会部主编的《社会工作人员训练暂行办法、训练纲要》、复旦大学社会学系编著的《社会事业与社会建设》、马宗荣著的《社会事业与社会行政》、宋思明著的《精神病之社会的因素与防治》、言心哲著的《现代社会事业》、柯象肇著的《社会救济》、陈续先著的《社会救济行政》、吴榆珍编译的《社会个案工作方法概要》、李安宅著的《边疆社会工作》、蒋旨昂著的《社会工作导论》、关瑞梧和李槐春著的《区位儿童福利个案工作》等。这些著作为中国社会工作专业理论体系的构建奠定了基础。

（二）社会行政制度正式确立

"中华民国"时期，国民政府除直接举办少数社会事业外，主要是监督和管理私人办理的福利事业，在社会行政方面有了较大的发展。1912年，南京临时政府建立之初就设有"内务部"，掌管民政事业，这表明中国开始接受西方社会福利和社会服务的观念。1928年，国民党政府又设立社会部代替过去的内务部以从事社会工作行政方面的工作。1938年，赈济委员会成立，接着在国民党中央委员会内设立社会组织部，该部于1940年改为社会部并隶属行政院后，主管全国的社会救济、社会福利、社会组织、社会运动、社会服务、劳工行政及合作行政等事务，成为民国以来政府设置的最高社会行政管理机构。1942年，国民政府行政院又颁布省社会处组织大纲，规定各省政府设社会处、市县设社会科，建立起较为完整的社会行政体系。至此，我国社会行政制度正式确立。社会部成立后，开始进行有关社会政策与社会立法的创制或修订、执行事宜。

（三）社区发展初见成果

"中华民国"时期社区发展要以20世纪二三十年代进行的"乡村建设运动"为代表。"乡村建设运动"是一大批知识分子立志唤醒民众、改造乡村乃至拯救中国的一种实际行动，前后有600多个团体参加。其中较为著名的有晏阳初的定县贫民教育试验区、陶行知的南京晓庄试验乡村师范学校、梁漱溟的山东邹平乡村建设研究院等。"乡村建设运动"通过调查去发现农村社会中的各种问题（如基本生活问题、贫困问题、文化问题、社会组织及社会结构问题），并形成社会调查报告，这些对改造农村社会起到很大的指导作用。1923年，晏阳初在北平与陶行知、蔡元培等人发起组织的中华平民教育促进会和平民教育区的实践，梁漱溟1931年在山东邹平创办的山东乡村建设研究院及乡村建设的实践，被认为是具有一定专业性质的社会工作实践活动。这一运动取得了一些不可否认的实际成绩，更为重要的是，它作为现代中国社区发展与社区服务事业的一个开端，对社会工作的专业发展有着非常积极的贡献。可以说，它是现代社区工作发展的起源之一。

另外，当时源于西方的微观社会工作在近代中国开始出现，其中相对成熟的是医院社会工作。例如1925年，北京协和医院社会服务部开展医疗社会工作，提供了医药、衣物救助和生活服务，特别是将社会个案工作的方法传播到上海、福州广州、重庆、安庆等地医院和福利机关。同时，农村社会工作、工业社会工作与妇女儿童社会工作得到了初步发展但没有得到普及。

总之，这一时期社会工作在我国逐渐生根发芽并发展起来，为其后续发展积累了宝贵的经验。但1949年之后，我国政府采取了苏联的管理体制，为现代专业的社会工作设置了种种障碍，致使我国社会工作的发展停滞了很长时间。

三、中华人民共和国成立后的社会工作

（一）改革开放前的中国社会工作

进入全面建设社会主义时期以后，社会工作具有建设性的特色，更多地发挥出社会服务和社会管理的功能。突出的表现是依靠国家和集体经济组织的力量，在各地普遍开展多种社会福利事业。城市原有的各类生产教养院，在基本解决半封建半殖民地社会遗留的社会问题的历史任务以后，分别改为社会福利院、儿童福利院和精神病福利院。以安置残疾人就业为任务的各类社会福利生产单位，在城市组织生产自救的基础上得到了普遍的发展。农村广泛地对鳏寡孤残实行"五保"（保吃、保住、保穿、保烧、儿童保教或老人保葬）

的福利制度。城乡的优抚安置、防灾救灾、社会救济、婚俗改革、民间纠纷调解，对流浪人员的收容、遣送、安置等工作，既提供生活保障和福利服务，又倡导优良社会风尚，促进了社会主义物质文明和精神文明建设。社会保险通过规定退休、退职办法，整顿劳保医疗制度，规定精简职工保险待遇，规定职业病范围和职业病患者处理办法等几方面的措施，得到了改进与发展。

总之，这一时期我国制定了许多社会福利、社会救济政策，在国务院的统一指挥下，各个社会行政部门分工合作，并与工会、妇联、共青团等组织相互配合，保证了对社会事业的领导和社会行政工作作用的发挥；各部门与各团体的有关工作人员，各福利机构的服务人员及广大城镇、乡村基层干部和群众，开展了大量实际的社会工作，在很大程度上促进了社会工作的开展。

但是，政府全包社会工作的方式，在促进社会工作开展的同时，也为我国专业社会工作的开展设置了种种障碍。随着20世纪50年代社会学专业的取消，社会工作的教学与科研活动被迫停止，我国的社会工作真正走进了国家包办的体制，变成了一种根本不讲专业化的政治性、政策性、伦理道义性的工作，成为行政工作的一部分。

（二）改革开放以来的中国社会工作

20世纪70年代末进行经济体制改革以来，社会工作也相应地进行了改革与创新，集中表现为以多种社会服务的形式结合成社会工作的有机整体结构。主要内容有：20世纪70年代兴起的以个案工作为形式的扶贫工作，在很大程度上代替了社会救济；到了20世纪80年代，形成了一种新的格局，即以社区发展为主要形式，结合有关部门、团体包干负责支援的形式，对革命老根据地、少数民族地区、边远贫瘠山区和其他贫困地区的经济开发与个体的扶贫相结合。社会福利由举办各种不同类型的事业单位，开始扩展为全市、全区、全乡的社会福利网络，或以社会福利事业单位、社会福利企业、各类扶贫经济实体和群众性自治组织为依托的社会福利网络，开展多项目、多层次的社会服务。通过基层政权组织和群众性自治组织，宣传贯彻国家的宪法、法律和政府的方针政策；组织城乡居民制定乡规民约、街规民约，进行自我管理、自我教育和自我服务，广泛开展群众性的包户服务活动；社区服务在全国城市普遍发展起来。优抚安置工作在实现制度化的基础上，开展了群众性的军人家属服务，军民共建精神文明单位和培养、使用军地两用人才等方面的创造性活动。救灾工作与扶贫工作相结合，有灾救灾，无灾扶贫，增强人们自身的抗灾能力；农村的互助储金会在全国普遍推广；发达地区的救灾工作与社会保险相结合，逐步往保险方向发展。社会保险在以公有制为主体的基础上，适应多种组织形式和多种用工制度，建立了待业保险等制度；有些市采取了全市退休费统筹等措施，显示出社会保障实现社会化管理与单位管理相结合，以社会化管理为主的方向。

20世纪80年代，专业社会工作走上了恢复与发展之路。专业社会工作在20世纪50年代以前就已传入我国，但1952年院系调整时被取消。1979年国家决定恢复社会学学科建设后，社会工作课程作为应用社会学在一些大学随之开设。1987年民政部和北京大学签订了联合办学的协议，决定在北京大学社会学系建立社会工作与管理专业，我国开始了重建社会工作专业教育的历程。目前，我国社会工作专业教育已呈现出蓬勃发展之势。

同时，社会工作职业化也在不断地发展。随着社会需求的变化及社会工作专业发展的需要，建立社会工作者职业资格制度的问题被提上社会工作发展的日程。2004年5月，国家劳动和社会保障部发布的《社会工作者国家职业资格标准》从工作标准角度规定了社会工作这个职业的工作要求、理论知识与技能操作，"社会工作者"从而被正式认定为我国的新职业。2006年7月，国家人事部和民政部联合发布了《社会工作者职业水平评价暂行规定》和《助理社会工作师、社会工作师职业水平考试实施办法》，首次将社会工作纳入专业技术的范畴。2006年10月，中共中央十六届六中全会通过了《中共中央关于构建社会主义和谐社会若干重大问题的决定》，提出要建设宏大的社会工作人才队伍。在中组部的直接领导和民政部门的具体操作下，全国首次社会工作者职业资格考试于2008年6月28日、29日举行，通过社会工作者职业水平考试的人员，将由省人事厅按助理社会工作师、社会工作师和高级社会工作师三个级别，颁发人事部统一印制的《中华人民共和国社会工作者职业水平证书》，这标志着一支结构合理、素质优良的社会工作人才队伍正在形成。几年来，全国已有数万人取得了职业水平证书。这些必将促进我国社会工作专业化进程。

另外，政府购买社工服务在上海、深圳、东莞、广州等大城市纷纷出现，这意味着政府职能正在发生着改变，政府与社会的合作已经开始，一种新型的政府服务方式正在形成。2012年11月，民政部与财政部联合下发了《关于政府购买社会工作服务的指导意见》，政府购买社工服务将为专业社会工作的发展提供更加广阔的空间。

毫无疑问，专业社会工作由于适应了市场经济的发展需要，在中国必将进一步发展。但我们也应该看到，目前社会工作专业社会认知度还很低，社会工作者待遇还有待提高，其职业道路也有很长的一段路要走。

第三章 社会工作理论

理论依据是任何一个专业和学科存在与发展的必不可少的要素。理论对社会工作者的工作理念、工作时间方法会产生很重要的影响。

第一节 社会工作理论的含义和功能

一、社会工作理论的含义

什么是社会工作理论？首先要澄清什么是理论。特纳认为理论是对事实建构的一系列命题，从而提供一个关于事实的模式，帮助人们认识那是什么以及如何实现。因此，理论是由一系列相互关联的概念和判断构成的知识架构，它旨在从一般水平上或较高层次上描述和解释现象的存在与变化。理论有两个来源：一是形而上的，是从抽象的假设推演而来，从更抽象层次的理论到一个更具体层次的理论；二是形而下的，是对经验知识的抽象，它来源于经验知识，但在抽象层次上高于经验知识，更具有概括性。亚历山大认为科学是两个不同环境之间的双向运动，即经验环境和形而上学环境。距离左边更近地称之为"理论的"，跟右边更近地称之为"经验的"。任何理论思维都是在纯粹的假想和纯粹的数据之间。这个连续体强调不同层次之间是相互依赖的。由此可见，亚历山大是从一个连续体的概念出发来考察理论的建构的，也就是说理论是具有不同层次的，这一论断对于社会工作尤为适用。社会工作理论实际上由不同层次的预设、模型、概念、定义等组成，是与经验环境密切联系的。这一框架有助于人们考察社会工作的不同层次的知识。理论的要素是概念以及概念与概念之间的关系的判断（即命题或假设），这样的概念和判断可以将复杂的现实或现象简单化或模式化，从而有助于人们辨识其间的关联和变化。

社会工作理论无疑是关于社会工作的各种知识架构的总称。豪认为社会工作理论应该包括两大部分："为社会工作的理论"和"社会工作的理论"。前者关注的是人与社会的本质、人类行为与社会环境之间的关联，后者涉及社会工作的本质、目标、特色和过程。实际上，这两者是密切关联的。因为任何的社会工作理论都要立足于"为社会工作的理论"，不理解人与社会的本质，这样的社会工作理论是盲目的或肤浅的；反之，如果"为社会工作的理论"不能为社会工作的目标、过程和实践提供任何洞见，它必然是空洞的乃至无效的。正是在这个意义上,"为社会工作的理论"和"社会工作的理论"是相互贯通的,"为社会工作的理论"包含着特定的"社会工作的理论","社会工作的理论"也蕴含着"为社会工作的理论"的要素。

宾斯认为,社会工作理论包括关于什么是社会工作的理论、关于如何开展社会工作的理论、关于案主世界的理论(见表3.1),并且每个层面都存在正式的理论和非正式的理论。正式的理论是已经成文的、定型的涉及社会工作的概念和判断,而非正式的理论是社会工作者基于经验而总结出来的未成文的"默知",又称实践智慧。

表 3.1 社会工作理论的划分

理论类型 内容	"正式"理论	"非正式"理论
关于什么是社会工作的理论	界定福利本质与目标的书面论述	由实践者总结的用于界定社会工作"功能"的道德、政治、文化价值准则
关于如何开展社会工作的理论	书面的实践理论	从经验中总结出的未成文的实践理论
关于案主世界的理论	正式的、书面的社会科学理论与经验数据	实践者使用的经验与一般的文化意涵

里斯和福克分别对社会工作理论进行了三个层次的区分,但两者具有高度的关联性。第一层次称为唯物主义者的社会理论或大理论与知识基础,这个层次的理论关注的是社会的政治、经济结构以及社会工作与社会福利制度的目标,它为后面的两个层次的理论确立了基本脉络。第二层次的理论是策略理论或实践理论,这个层次的理论聚焦于干预策略并致力于阐明社会工作者如何行动或应该如何行动。第三个层次是实践观念或具体实践,即关注如何将经验、知识应用于具体的实践中。上述三个不同层次的理论是相互关联的。

二、社会工作理论的功能

理论是一系列逻辑上相互联系的概念和判断组成的知识体系,它从一个一般性水平较高的层次来描述和解释某类现象的存在和变化,是对经验知识的抽象概括。理论主要具有描述、解释、预测一定事物或现象的存在变化及提示解释问题的分析方法等多种功能。同样,社会工作理论的功能在于描述、解释、预测服务对象对一些社会现象的反应模式和规则,并据此期待控制或引发某种干预行动的发生,成为社会工作者执行实务工作的参考标准。

①描述。理论能对事物或现象的状态及其变化发展有一个比较科学的描述,帮助人们对事物或现象有一定的了解。社会工作者在实际介入之前,应当对社会工作涉及的个人、群体、社会各个类别、层次等问题有比较清楚的了解。

②解释。理论能对事物或现象产生的原因做出合理的解释。事物或现象间存在着多种多样复杂的关系，比如共变关系、因果关系、互动关系等。其中，因果关系是最重要的一种关系。在社会工作中，了解问题的成因，是制订适宜的服务方案的前提性条件。

③预测。根据理论所揭示的事物或现象之间的因果关系，再通过调查所掌握的事实，就能够对特定事物或现象的未来的发展做出比较准确的预测。在社会工作中，这能使社会工作者在做出某种介入时，对其效果做出一定的预测，帮助他们未雨绸缪，防患于未然。

④提示方法。不少实用型理论的有效性、合理性已经过前人无数次的实践证明，是对实际工作经验的总结。在社会工作实务领域涉及这些理论的很多，它为同类问题的解决提供了方法和技巧，从而使社会工作者在面对实际问题时，胸有成竹，沉着应对。

第二节　社会工作理论的类型

社会工作理论流派繁多，但它们之间互有借鉴，有分有合，为了达到从整体上把握上述理论的目标，必须进行进一步的类型划分。

一、佩恩的三分模型

佩恩将社会工作理论分为三类：反思性—治疗性理论、个人主义—改良主义理论和社会主义—集体主义理论。三类理论下包括不同的社会工作实践理论，如表 3.2 所示。

表 3.2　佩恩社会工作理论的三分模型

反思性—治疗性	个人主义—改良主义	社会主义—集体主义
心理动力 人本主义的 角色/沟通 危机	社会发展 系统 认知行为 任务中心	激进 反压迫 增权

反思性—治疗性理论认为社会工作的贡献在于帮助案主成长和自我实现，努力实现个人、群体和社会可能拥有的最大福利。社工与案主或案主系统持续不断的互动改变着他们自己的认知与行为，也影响着他人，正是这种相互之间的影响力赋予了社会工作的治疗性作用。社会工作的治疗作用使得人们获得能力以控制自己的感觉和生活方式，从而克服或摆脱痛苦和不利境遇。

个人主义—改良主义理论认为，社会工作是社会向个人提供福利服务的一个组成部分，它可以满足个人的需要从而提高整体福利服务的水平。努力进行社会变革使之更为平等，或通过个人和社会实现个人或社会目标是社会工作的宗旨，因此个人、群体、社区和社会层面的改变成为焦点。

社会主义—集体主义理论争辩说，社会工作应致力于寻求社会的互助、团结和宏观层面的激进改变，从而让最受压迫和最弱势的人们可以获得控制自己生活的能力。因此，社会工作要增强人们参与学习和合作过程的能力，这一过程会创造出所有人都可以拥有并自由平等地参与其中的体制。因此，社会主义—集体主义理论认为，社会问题源自权利的不平等。精英们为获取和维持自身利益而固化权力结构和资源分配格局，这就是压迫和不平等的社会根源。社会工作要消除这样的不平等，代之以更为平等的社会关系。因此，该理论认为，反思性—治疗性理论或个人主义—改良主义理论所追求的个人实现和社会实现是不可行的，因为它们的基本出发点是接受现存的社会秩序，除非进行重大的社会变革，否则难以全面提升被压迫者的生存与发展机会。

后来，佩恩将上述三种分类重新表述为：增权的观点（社会民主取向），强调治疗性助人过程；问题解决的观点（自由主义或新自由主义取向），强调社会工作作为福利服务的一部分以满足案主的需求为己任；社会变迁的观点（社会主义取向），强调合作和互助。基于不同的观点，社会工作的目标和专业活动有所不同。

二、豪的四分模型

豪从激进／非激进、客观／主观这两个重要维度出发将社会工作理论划分为四范式模式（如图3.1所示）：激进的、马克思主义的、阐释主义的和功能主义的。四种理论下社会工作承担的角色不同，分别为启蒙者、革命者、意义寻求者和修补者。传统社会工作强调的是对现有结构的纠偏，从而实现各个有机体的正常功能，包括心理动力理论、认知行为理论。激进社会工作是从激进人本主义或女性主义的角度致力于寻求改变。马克思主义社会工作强调的社会问题是阶级冲突、矛盾和斗争而导致的，因而需要从增权、倡导或社会运动的角度出发促进社会的变迁，从而提升人们的福利。阐释主义社会工作，包括标签理论、沟通理论和人本主义，强调了互动和理解对于个人改变的重要性。

激进变迁理论

激进社会工作 （启蒙者）	马克思主义社会工作 （革命者）
阐释主义社会工作 （意义寻求者）	功能主义社会工作 （修补者）

主观的　　　　　　　　　　　　　　　　　　　　　　　客观的

秩序理论

图 3.1　豪社会工作理论的四分模型

三、多米内利的三分模型

多米内利认为，基于社会工作的角色和目标，可以将社会工作三分如下：治疗视角、维持视角和解放视角。实际上，这也可以视为对社会工作理论的一种类型划分。

治疗视角的最好范例是罗杰斯的人本主义治疗，社会工作帮助"案主"理解自己及其与他人的关系，以一种更为有效的方式去解决自己所面临的困境。这一类型的视角关注个人和心理功能，社会工作的责任即为倾听、探索和使能。

维持视角最好的体现就是戴维斯的社会工作者的本质。社会工作的目标就是确保人们可以回应生活中的问题，不像治疗视角那样重视心理的干预，而是强调更为实用的方式，比如资源、机会和信息。社会工作主要应用实践智慧和已有的行之有效的经验。维持视角在政治上是比较中立的，这一点与下面的解放视角有所不同。

解放视角的支持者有明确的立场，即追求社会正义、挑战社会福利制度、反思以往社会工作关于案主的叙说和实践。尽管不同支持者的关注点不同，但都倡导增权、重视个人问题与社会结构的关联，反思权力关系，强调意识觉醒。由此，社会工作所期待的变化可以发生在个人层次，也可以发生在宏观层次。社会工作者就是社会变迁的推动者。

四、特纳的三分模型

特纳从理论关注的人类活动的维度这一特定视角出发，对社会工作理论进行了三分法划分。他认为不同理论的聚焦点不同，可以分为三个方面：人及其特质、特质的应用、人与社会（见表3.3）。

表 3.3 特纳的社会工作理论三分模型

聚焦领域	理论
人即生理存在 人即心理存在 人即学习者 人即思想者	人及其特质 　神经语言规划 　心理分析理论 　行为理论 　认知理论 　构成主义理论 　叙事理论

续 表

聚焦领域	理论
人即沉思者 人即体验存在 人即沟通者 人即践行者	特质的应用 　冥想 　存在主义 　格式塔 　催眠 　沟通理论 　增权 　问题解决 　任务中心
人即个体 人即共同的存在 人即社会的存在 人与世界的关系	人与社会 　自我心理学 　案主中心 　危机 　女性主义心理学 　交互分析 　原居民理论 　角色理论 　生活模式 　系统理论

五、蒂姆斯的二分模型

20世纪50年代，美国社会工作者蒂姆斯基于社会工作与其他学科之间的关系，将社会工作理论划分为"借用理论"和"实践理论"。所谓借用理论是指社会工作的理论来自社会科学领域的其他学科，比如经济学、社会学、政治学、心理学、医学等学科，主要解决什么是社会工作，社会工作的本质特征、目的、价值、方法、知识基础等基本问题；而实践理论主要是指那些在社会工作实践过程中积累起来的经验总结，主要解决社会工作如何介入、如何干预以及如何行动等问题。

第三节 社会工作理论的主要流派

社会工作在长期发展过程中,借鉴和吸收了来自心理学、政治学、经济学、伦理学、人类学等不同学科领域的理论和学说,即所谓的"外借理论",这些理论在特定的时期成为社会工作理论的主要流派。下面,主要介绍并解释的外借理论是弗洛伊德的精神分析理论、西方马克思主义理论、认知行为理论、女权主义理论、社会系统理论、存在主义理论、后现代主义理论。

一、弗洛伊德的精神分析理论

19世纪末奥地利著名科学家弗洛伊德创立的精神分析说,对西方世界文化领域的各个层面都产生了深远的影响。弗洛伊德研究通过心理分析对人类动机进行研究,这种研究方式弥补了传统实验心理学的不足。弗洛伊德从精神病患者的自述或叙述中获取心理分析的素材,对病人的心理动机进行解释和分析。弗洛伊德的心理分析理论成为20世纪二三十年代社会工作实务的基础,并从此奠定了临床治疗的主导方向。

弗洛伊德的理论和思想观点长期以来对社会工作和心理治疗的实践产生了深远的影响,弗洛伊德的关于焦虑、情绪、移情、潜意识等概念为不同流派心理治疗理论奠定了基础,在这些概念基础上人们进一步拓展了精神分析的模式。弗洛伊德精神分析的主要贡献表现在:第一,个人的精神健康是可以被了解的,而人类的知识可以用来减轻人类的痛苦;第二,人类的行为经常会被无意识的因素所控制;第三,童年成长的经验,对成年人的性格、生活有深远的影响;第四,有助于人们深入了解"人如何焦虑"这一问题;第五,通过梦的分析、抗拒和移情作用等,人们可量度出人的无意识功能。心理分析是第一个研究心理过程中感受和情绪所扮演的角色的理论。

弗洛伊德精神分析学说主要内容有:首先,用于解释个人与社会之间关系的理论;其次,有关人格建构理论;再次,有关俄狄浦斯情结与童年早期经验的理论;最后,有关梦的分析学说。

弗洛伊德认为,成人"力比多"的执着,是精神病的体质成因,它同个人偶然的创伤经验共同形成了精神病的原因。精神病人的"力比多"是附着于他们的幼时性经验之上的,这些经验在成人的生活和疾病中占据一个很重要的地位。弗洛伊德认为,重视儿童期的性经验是分析治疗过程中的一个重要环节,儿童时期的创伤经验是导致精神病的一个重要原因。儿童过分地压抑自己性欲的结果是害多利少。弗洛伊德的《梦的解析》对无意识心理的重要性和解析梦的方式进行了有利的证实。弗洛伊德认为所有的梦都是有其特别含义的,都可用来对病人的心理历程和精神症状进行分析。他认为:第一,梦是有原因的;第二,梦的部分内容会被记忆；第三，潜伏的内因是梦的原因；第四，记住的部分与潜伏的部分之间存在某种联系。在弗洛伊德看来，所有的梦都是愿望的实现。

（一）无意识和压抑理论

"无意识"又叫作潜意识，它是弗洛伊德精神分析理论的一个重要概念，也是他的最大贡献。"无意识"有两层含义，一是指人不能意识到自己行为的真正原因和动机；二是指人们在清醒的意识下面还存在着一些潜在的心理活动。在弗洛伊德看来，一个人的无意识是理解他的行为和人格问题的关键要素。无意识只能根据人的行为和语言来推断，而不能直接加以研究。弗洛伊德认为在临床心理治疗实践中，治疗者须对无意识的证据进行收集，如梦、自由联想、口误、投射技术的产物、遗忘催眠后的语言、记忆错误、催眠等。无意识的内容包含大量的人的本能欲望、非道德的冲动，这些无法满足的欲望或情感需要多是社会道德或宗教信仰以及法律所不允许的，当它出现时就会在意识中唤起焦虑、羞耻以及罪恶感，因此就进行压抑。而压抑并不能使压抑的东西消失，而是以梦、记忆错误等形式出现，它是人的一种最基本的心理防御机制，但是过分的压抑、病态的压抑会导致心理疾病，以神经症的形式表现出来。

（二）对人性的看法

弗洛伊德认为，人的行为受控于非理性因素、潜意识动机、与生物本能驱力，以及六岁之前的性心理事件。弗洛伊德用生命本能这一概念解释人类的所有快乐行为，他对人性的看法带有一定的功利主义色彩，认为生命的目标就在于避免痛苦和获取快乐。弗洛伊德从人的本能冲突中感到人类潜在的一种灾难，他认为人类如何控制好自己的侵略冲动是人类族群面临的最大挑战，因为人类的不安和焦虑同他们认识到人类族群可能灭绝的知识有关。

（三）关于人格的建构

弗洛伊德的精神分析理论把人格分为三个部分，即本我、自我和超我。三个部分中，每一部分都有相对应的反应内容和功能，三个部分又始终处于冲突—协调的矛盾运动中。其中，"本我"是人最原始的一面的代表，也是最模糊和最不容易被把握的部分，它潜存着人的各种欲望和动机，是个体的生物属性，它由一切与生俱来的本能冲动所组成，以"享乐原则"行事，驱使人朝向某一目标。弗洛伊德强调"本我"收容了一切被压抑的东西，认为婴儿的人格结构完全属于"本我"。

"自我"是在"本我"的基础上发展起来的，产生于儿童与外界显示的相互作用，是性格的核心部分。同外部世界现实的联系与接触是"自我"的主要特征，它是统治、控制和指导人格发展的"执行者"，是维系"本我""超我"和外部世界秩序的"交通警察"。"自我"受"现实原则"支配，集多重任务于一身，在本能和环境之间起到一种协调中介的作用，指导人进行合乎实际和逻辑的思考，并在此基础上确定满足需要的行动规划。

"超我"可以说是人格的一个司法部门，是从"自我"发展起来的一部分，它代表着人类的道德规定，属于道德化了的"自我"，被认为是人格中最文明的一部分，它表现的是一种理想而非现实的原则。"超我"是人性格中社会性的我，是在个体成长过程中，通过内化道德规范、社会要求形成的，同时受到环境因素、父母的教导、社会习俗、伦理、道德和文化等陶冶而成，它可以被视为一个学习的过程，在其中人们学到善恶之分、是非之别、社会价值，并作为规范和自律的标准，从而成为个人行为的指南。"超我"大部分是无意识的。

在临床心理学家看来，人格的这三种构成是不断相互作用的，一个人的健康与人格三部分的均衡发展有密切关系，弗洛伊德认为人的一切心理活动都可以在这种人格动力学关系中得到阐释。"本我"是求生存的必要的原动力，其主要作用在于保存自己；"自我"是对上按照"超我"的要求去做，对下吸取"本我"的动力，一方面要处理人的本能欲望，另一方面又要符合"超我"的标准，努力调整其冲动的欲望，对外适应现实环境，对内调节心理的平衡，以期发挥自己的功能；"超我"监督主体，其作用是配合社会常规和道德标准等原则，控制和监督自己的行为，以适应社会生活。倘若"本我"或"超我"任何一方占优势，就很可能产生不正常的功能，如形成"神经官能症"或"精神病"。社会工作的主要任务就是对服务对象的变态人格进行矫正和治疗，帮助其恢复本我、自我和超我之间的平衡，并借助心理分析的基本理论方法完成这一任务。

（四）焦虑与自我心理防卫机制

在人格发展过程中，本我与外界现实之间、本我与超我之间经常会出现矛盾冲突，这时人往往会感到焦虑。在弗洛伊德的精神分析学说里，"焦虑"是一个基本概念。简单说来，焦虑指的是人在精神上处于一种紧张状态，其发展结果是个体会选择一种行动适应或试图解除这种状态。焦虑分为三种，即现实焦虑、神经焦虑和道德焦虑。

现实焦虑是指一种对外部世界危险的恐惧，焦虑程度同现实的威胁有关。神经焦虑和道德焦虑由人内部权力平衡的威胁引发，它们对"自我"发出信号。如果不采取相应的措施，危险就有可能将"自我"推翻，比如人在极度焦虑的时候，有时会选择铤而走险（比如犯罪）或自我毁灭（比如自杀），这是焦虑发展的极端后果。而个案工作或心理治疗实践的一个重要目标就是要处理并预防人在生活中的此类行为。如果"自我"不能通过理性和直接的方式来控制焦虑带来的威胁或危险，它有时就要依赖于不现实的方式，如自我防卫行为。神经焦虑是害怕本能不受控制，引发受惩戒的行为。道德焦虑是对良知的恐惧，人们通常会在具有品德的前提下，对违背道德的行为感到内疚。

在现实生活中，人难免会经历挫折和失意的境遇，这些负面的经验常常会对个人的心理产生影响，使人的心理需要得不到满足，其结果是人为此感到烦恼、痛苦和不安，甚至焦虑。为了降低自我的焦虑，自我发展出一种技巧、手法或者一些习惯性的反应方式，使超我、本我得到满足，同时主观与现实相适应，这些技巧、手法具备某种心理保护的功能，故称为自我的心理防御机制。将弗洛伊德和其他精神分析学家的看法综合起来来看,自我心理防御机制主要有否定、抑郁、解脱、认同、合理化、转移、升华、置换、抵消和反向形成。弗洛伊德的女儿安娜·弗洛伊德认为,无论是健康人还是精神病人,都在无意识运用心理防御机制,两者的区别就在于是否运用得当或过分运用。如果运用得当,就可以与现实相适应,避免痛苦;如果运用不当,虽然主观上表现出来的是焦虑减轻,矛盾得到调和,却以症状形式表现出来,形成神经症状。

二、西方马克思主义理论

产生于20世纪20年代的西方马克思主义理论,最初是由德国、意大利、匈牙利等国家的共产党人对马克思主义的一些观点及苏联、共产国际的某些政策提出批评而兴起,继而由西方学者加以理论研究并展开,到20世纪四五十年代逐渐形成一种具有世界性影响的思潮。马克思主义理论作为一种社会分析和批判工具,在思想界占据着重要地位。传统的马克思主义理论认为,生产资料的私有制是资本主义社会中的根本矛盾所在,而决定资本主义制度性质的生产关系必将面临不可克服的矛盾和危机,资本家和无产阶级之间的矛盾是不可调和的,资本主义被社会主义代替是社会发展的前景,帝国主义和资本主义必将消亡,社会主义或共产主义将取得全面胜利。在西方马克思主义者看来,传统马克思主义理论忽视了对资本主义体制内部本质特征的认识,对资本主义矛盾及其发展趋势的看法过于简单化。

西方马克思主义理论的代表人物主要有哈贝马斯、马尔库塞、奥菲、卢卡奇、柯尔施等。

(一)哈贝马斯的批判学说

哈贝马斯作为西方马克思主义理论最著名的代表人物之一,他继承了卢卡奇关于科学与资本主义统治连为一体的思想,提出了晚期资本主义社会中科学技术执行意识形态职能的理论。他认为,在资本主义社会晚期,资本平等交换的意识临近崩溃的边缘,而一种新的、可信赖的思想武器尚未出现,在意识形态上出现了危机,由此,资本主义制度的合法性就受到严重的挑战。在哈贝马斯看来,资本主义"合法性危机"是由以下原因造成的:第一,资本主义社会已经进入一种有组织的发展阶段,其表现是市场作用被逐渐削弱,资本集中和跨国公司正在兴起,使资本主义进入了一种"组织市场、商品租劳务"的发展过程,国家机构不能再像过去那样仅限于维持资本主义再生产所需的一般条件,而是必须积极介入资本主义的各项生产活动。但是目前的资本主义意识形态已不能满足这种新形势的要求。第二,资本主义社会大量失业的出现以及"滞胀"的长期存在,使国家的正义作用受到质疑。

(二)马尔库塞的批判学说

马尔库塞作为西方马克思主义理论的另一个具有影响力的代表人物,他建立了一套对资本主义制度的批判学说。马尔库塞在他的名著《单向度的人》中对资本主义社会进行了深刻的批判和富有创建力的分析。他认为，虽然工人的生活和福利待遇在现代资本主义里得到很好的改善，但危机仍然频繁出现。究其原因是个人批判力和个人自主性的丧失，传统上具有批判力的工人阶级被同化，不再具备解放力量，失去了抵抗的能力。资本使劳动异化，劳动成为商品，人承担着无意义的工作，从而成为劳动的工具，而福利制度成为资本主义内部的一种"安抚"机制。马尔库塞认为，资本主义的根本缺陷在于，在生产资料和生活资料都有限的情况下，资本家对利润要求仍然不断扩大。无止境的扩大再生产需求所引发的生产过剩同工人阶级购买力的缩减形成了巨大反差，进而造成深刻的经济危机。与此同时，资本主义的再生产也引发了一系列的生态危机，过度的追求利润而忽视对环境的保护，造成了对环境的巨大破坏。在意识形态领域，人的爱的本能、保护自身的本能、攻击的本能之间的重重矛盾，资本主义社会的有产者与无产者之间的冲突、资本与劳动之间的冲突使边缘人士生活在非人生活的底层，社会冲突不可避免。马尔库塞对资本主义制度的批判，不仅在于他对社会问题的深刻揭示，更重要的在于他启发了人们对资本主义制度本身同个人批判能力和自主性之间的关联的认识。

（三）奥菲的批判学说

西方马克思主义理论的另外一个代表人物奥菲对资本主义的分析和批判形成了一套独特的、具有鲜明观点的理论学说，他针对资本主义的矛盾和危机提出许多自己独特的见解和认识。他的著作的主要内容表现在以下几个方面：第一，发达资本主义作为一种制度是通过经济、管理和规范亚系统的自组织复合体来实现的；第二，资本主义制度是不稳定的并呈现危机的趋势；第三，社会政策试图通过调节劳动力和促进商品生产来解决制度的危机；第四，福利国家趋向于使资本主义面临瘫痪；第五，在社会福利资源由国家扮演支撑角色的过程中，资本主义将逐渐变得松散，走向解体。他的论述中最常被引用的一个陈述是："资本主义的矛盾在于它既不能与福利国家共存，也不能没有它。"在奥菲看来，福利国家是一个核心，它既支撑也威胁着资本主义的存在。所以，奥菲关心的是福利国家的极限问题。他认为，福利国家既不是不平等阶级斗争的一种模棱两可的产品，也不是完全发展的社会公民权的结果。奥菲的部分观点受到功能主义的影响，同时受到卢曼系统理论的影响。在奥菲看来，就资本主义与福利体系的关系而言，福利国家仅仅是一种技术制度，而作为一种政治现象福利国家时常处于官僚化和制度理性不可解决的冲突中。最明显的结果是福利国家使公民政治化，而国家的命令和干预功能需要个人主体的协同或参与。

三、认知行为理论

认知行为理论是在 20 世纪 70 年代由认知理论和行为主义理论整合而成的一种社会工作理论。尽管认知理论和行为主义有着不同的理论渊源，但是在实践中两者被整合在一起，为人们提供了更有效的服务手段。认知行为理论的一个突出的特点就是，重视内在的认知过程在导致障碍及行为改变中的作用。认知行为理论的代表人物主要有贝克（认知疗法）、迈切鲍姆（认知行为矫正）、艾利斯（理性—情绪疗法），拉扎勒斯（情绪想象、多样式疗法）。

认知行为理论是在认知心理学的基础上形成和发展起来的一种社会工作理论，重视理性、认知的作用是认知行为理论最本质的特点。认知行为理论认为，认知在认知、情绪和行为三者中起着中介与协调的作用。认知对个人的行为进行解读，这种解读直接影响着个体是否最终采取行动。艾利斯的理性—情绪疗法的一个基本假定是：人不是被事物本身所困扰，而是被他对事物的看法所困扰。人的情绪不是来自事物的本身，而是来自其对所遭遇事情的信念、解释、评价以及一些哲学观点。认知是人心理活动的主导，情绪和行动都受制于认知。艾利斯关于心理失调的原因和机制主要集中在他所提出的"ABC情绪理论框架"，A代表诱发事件，C是A的结果，但很多时候在A与C之间有一个非常重要的中介因素在起作用，这个中介因素就是人对A的信念、认知、评价和看法，通常用B表示，所以不是A直接引起了C，而是B直接引起了C。在ABC理论中，D代表治疗，通过D来引导B。认知解决了，情绪和行为的困扰就会在很大程度上减轻或解除，最后达到E，即一种新的情绪或行为效果。如果要解决认知问题，一个重要的方法就是剔除人的非理性信念。

认知行为理论将认知用于行为修正上，主要强调认知在解决问题过程中的重要性，强调内在认知与外在环境之间的互动，认为外在的行为改变与内在的认知改变都会最终影响个人行为的改变。其主要包括问题解决、归因和认知治疗原则三个方面。所谓问题解决是指增强个体界定问题、行动目标、规划及评估不同行动策略的认知能力，使其达到能够在不同情况下不断调整自己的认知，能够从他人的角度看待问题和行动目标。所谓归因是指个人对事件发生的原因的解释。所谓认知治疗原则指的是修正一些认知上的错误的假定，包括过度概括、选择性认知或归因、过度责任或个人肇因假定、自我认错或预罪、灾难化思考、两极化思考等。

四、女权主义理论

女权主义，在中国又叫女性主义，它既是一种社会运动，更是一种随着西方女权运动兴起而逐渐形成的妇女争取自己的权利，追求男女平等的社会思潮。它的思想是在20世纪40年代出现，但是作为一种社会运动和明显的意识形态其历史并不很长，在20世纪60年代，它成为西方工业社会广泛出现的社会运动。所谓女权主义理论，主要包含几个意思：一是描述男女不平等的现象；二是以女性的观点解释其原因；三是寻求改变两性不平等的方法；四是探讨根除不平等的机制，建立一种平等共存的新文化、新社会秩序，以及人与自然的新理论。女性主义思想可以分为三大类：自由主义的女权主义、社会主义的女权主义和激进的女权主义。上述三种女性主义都具有共同的信念：福利国家是满足男性的需要和利益的建构，社会中妇女被男性剥削和压迫，女性成为依附品并且在劳动领域被排斥。在私人领域（家庭），男性占主导，家庭劳动主要由女性承担却不被承认；在经济领域，男女同工不同酬；在政治领域，男女的权利受到不平等对待；在个人生活领域，女性被视作工具，受到歧视，社会中存在对妇女角色不公平的界定。

（一）自由主义的女权主义

自由主义的女权主义发展历史悠久，不仅在时间上是所有女权主义流派的起点，而且在理论上是其他各派的出发点或修正和改造的对象。它主要关心的是妇女平等权利问题，对妇女在教育、职业等领域中的权利和地位尤为关注。自由主义的女权主义认为女性因其性别而遭到歧视，不管她的个人能力和条件如何，性别本身就使她在受教育、就业、参政等各方面遭遇不平等对待。它认为，在历史上妇女被剥夺了受教育和工作的权利，公共空间以男人为主导，女性成为男性统治世界里的边缘群体。文盲、家庭妇女成为女性的代名词，其基本假设来源于传统的家庭分工和女性的照顾角色。"个人的也是政治的"成为女权主义运动的口号。虽然自由女性主义成为早期妇女运动的政治指南，并对女性的社会地位的提高有着积极的作用，但是这一思潮存在明显的局限性，主要表现在：第一，它认为国家由资本家和男性统治，对国家的看法过于简单化；第二，它只关注女性在公共领域的位置，而忽视了女性自身的生活；第三，它忽视了女性本身的特点和需要，按照男性的方式来确保女性平等的权利；第四，它所使用的策略未能使广大的妇女从中得到帮助，而仅仅使受过良好教育的中产阶级妇女受益。

（二）社会主义的女权主义

当代社会主义女权主义在审视妇女的处境时，整合了马克思主义对父权制度做出的分析和批判，它认为在父权制的资本主义制度框架下，女性承当着一种特殊的任务和社会再生产角色，提供男性家务、育儿、性、情感支持等服务，并且参与经济活动，但无法享有同等的政治、经济、教育资源。在目标与行动上，社会主义的女权主义提倡家务劳动和儿童照顾的社会化，政府应付给家庭主妇工作津贴，特别是贫困家庭或者单亲女性，承认家务劳动的价值。

社会主义女权主义的可取之处在于它将资本主义社会的经济过程和性别关系同妇女的从属地位联系在一起加以考虑，不足之处在于它的分析具有某种程度的决定主义的色彩，它认为是由于资本剥夺劳动而贬低了女性的社会地位。社会主义女权主义倡导改革和政策上的变化，主张将女性视为总体的社会成员而非男性的依附品来对待。

（三）激进的女权主义

激进的女权主义诞生于20世纪60年代末70年代初的美国。激进的女权主义认为性别制度是最古老、最深刻的剥削形式，是所有其他种族的、经济的、政治的压迫基础。

激进的女权主义思想主要体现在以下两方面：第一，父权制度或者男性支配是妇女压迫的根源。激进的女权主义的代表人之一葛瑞尔在她的代表作《女太监》中强调家庭具有压抑心理的巨大力量，女人是被动性的存在。第二，性是男女支配关系的关键。许多激进的女权主义者认为在性的实践上，男人天生就是侵略者，而女人生来就是被动服从的。

激进的女权主义的理论贡献主要表现在以下几个方面：第一，引起其他女性主义群体对强奸、家庭暴力等重大社会问题的关注；第二，由对男性的敌对性批判引发出由女性自身为妇女提供特定的社会服务；第三，对女性是资本主义生产形式下的依附品这种简单判断的矫正，认为其忽视了两性间的本质差异，认为理解女性的位置要从女性同男性的家庭关系和性关系方面入手。尽管激进的女权主义做出了自己的贡献，但是针对它的批评也十分明显。这些批评主要包括：第一，它忽视了女性间的差异，过于一般化；第二，它将男女两性的不平等关系简单地归结于生理上的因素；第三，它将男女两性的位置推向一个难以设想的境地，因为人们很难改变生物学的基础及其导致的后果。

以女权主义的理论为指导或者从女权主义的视角入手，该研究方法已经被广泛地应用到妇女社会工作领域中，为妇女提供服务，形成一些宝贵的经验和独特的服务视角。

五、社会系统理论

社会系统理论是以社会学结构功能主义和系统理论等为基础形成和发展起来的一种社会工作理论。

（一）结构功能主义

帕森斯和默顿是结构功能主义的代表人。帕森斯把社会看作一个严密组织的系统，组成社会的多个部分都在维持社会的均衡整合中发挥各自的作用。任何一个社会要生存下去，必须满足一些基本需求，帕森斯将这些需求称为功能性前提。他认为，维持社会的稳定性必须通过社会化和社会结构的调整，家庭是执行社会化的主要机构，越轨者是社会文化程度不够的人。帕森斯认为，在社会系统层次的角色相互作用中，个人行为者不可能做出任意武断的选择，他们的行动必须建立在社会规范的基础上，他们必须学会进行恰当的选择。

默顿提出了有名的中层理论，其中他的越轨理论、失范概念和五种行为适应模式理论对社会工作具有直接的指导作用。他认为，失范是文化目标与可用来达到这些目标的合法手段之间的脱节，如果出现失范就会造成越轨行为。默顿根据美国的实际情况总结出五种行为模式，即遵纪守法、别出心裁、仪式主义、逃避现实和革命造反。他的角色丛理论认为，每个人所占据的不止一个地位，而是多种地位，每一种地位都有其角色丛，多种地位有多种角色丛。角色丛的概念可以用来发现社会中存在的不平等现象。默顿把角色丛看作一个相互连接的各部分组成的系统，并从社会结构的角度来分析、控制、平息角色冲突的机制问题。这些对于人们分析女性在家庭和社会中的角色和地位具有借鉴意义。

（二）系统理论

社会工作中的系统概念和理论主要来自冯·贝塔俄朗菲的一般系统理论。这种理论认为，所有的有机体都是系统，因此，家庭、社会成员、社区都可以视为系统的一部分，它们都是社会系统的子系统，构成社会系统的各个组成部分之间是相互连接的，共同组成一种有秩序的稳定模式。系统是开放的，如果系统不能与其他系统互动，则属于封闭的系统。反之，如果与外界环境有所交换，就是开放的系统。系统从环境中获取充足的资源，这是系统生存的必要条件。系统理论特别强调结构的平衡和所谓的最佳稳定状态，认为服务对象出现问题，是因为服务对象系统与其他系统之间的平衡被打破了。

在社会工作中应用系统理论，可以将社会工作视为一个整体的系统，而将工作所涉及的内容视为整个系统中的子系统，即代理系统（助人者或助人机构）、案主系统（受助者）、目标系统（助人者试图达到改变目标的人）、行动系统（助人者与改变目标的人），从这个基本框架出发，系统模式的最重要的问题就是发现系统中存在的问题，采取介入的策略改造整个系统，而不仅仅是改变案主本身。

（三）生态系统观点

生态系统理论是以人与环境之间的互动为基础，个人行为的发展与成长受到其与环境之间互惠性交流历程的影响，其生活的健康与否取决于个人与其环境之间能否维系良好的调和度。在社会工作实务中应用此理论，可以拓展实务干预的焦点及采取宏观介入的程度；个人及家庭的困境，源于众多变项的互动结果，并不是单一因素所导致；问题的产生并非是单一因素，所以社会工作干预的解决方法也是多元的。

吉尔曼和吉特曼是生态系统的主要代表人，在他们提出的"生活模型"中，建议社会工作的功能在于增进个人、家庭以及团体的需要与环境中的支持资源的两项调和度，同时具有直接服务与宏观干预两个层次的专业功能。

六、存在主义理论

作为一种社会工作干预模式的存在主义源于存在主义的哲学。存在主义聚焦于人类的局限性和生活的悲剧、荒诞、不幸、孤立、异化和焦虑。克尔凯郭尔对恐惧的关注，讨论了害怕、焦虑和担忧在生活中的作用，而人的目的就是创造自己。尼采强调了主观的重要意义，因为人类更多的是意志的产物。这样，如果人们赋予自己以掌握权力意志的自由，人们就会发现自己的创造力和本来的潜能。海德格尔鼓励寻求真正的体验，而情绪和感觉可以了解人们的生活是如何构建的，如果从一种模糊的感觉转换为明确的自觉，就可能对未来给出更为积极的答案。萨特认为人的价值就是人们可以选择，但选择要负责任，选择就可以成为不同的人。可见，存在主义哲学关注人类对其生存的意义的本位性思考。人既是"主体"，也是"客体"，这样能思考的主体可以反观自身。人受制于环境，又可作用于环境，环境可能包含着荒诞和异化的体验与苦难，人又可能超越这样的环境。

存在主义作为一个哲学流派，包含了众多的概念，并且不同的概念在不同的哲学家看来含义迥异,尽管他们都是存在主义者。正如汤姆森所言,试图以一种简单和清晰的方式表达某些哲学概念无疑会有过分简化之虞,它可能会损失特定概念的丰富含义。汤姆森对萨特的存在主义进行了如下阐释。

(一)存在

存在无疑是存在主义的核心概念。萨特区分了两种类型的存在:自在的存在和自为的存在。自在的存在是纯粹的存在,自在即"是其所是",所以自在的存在是不思、不想、不动。它仅仅在那儿,无所谓好与坏,没有分化,没有意见,是中立的、静止的、没有内在的意义。自为的存在是人们意识到的存在,自为即"是其所不是",所以自为的存在是一个动态的、不断变化的过程,它是有意识的、有潜力的、可以改变的,体现了积极性和创造性。更为重要的是,自为的存在将意义引入世界,并对人和世界进行区分。从自在的存在转变到自为的存在对个人而言是一个重要的过程,社会工作可以作用于这个过程,帮助案主认识到改变是必要的且可能的。

(二)自由和责任

自由和责任对于人类存在而言是对立统一的。人可以自由选择不同的道路,这样人自己就成为塑造自己生活的主体。然而,人们应该为自己的自由选择承担责任。因为人们在创造自己的命运时,也制造了自己的问题。毫无疑问,承认责任是变化的基本条件,因此鼓励案主直面自己的责任是极其重要的。人们为自己的行动承担全部责任,这是存在伦理的重要层面。人们有行动自由,但没有免于回应人们的环境和施加给人们的压力的责任的自由,这些都是存在的事实。认识到自由和责任的辩证关系对于个人是关键的,尤其是在生活转变时期。

(三)自欺

绝对自由意味着绝对的责任,一个人只要选择了一个事件,他就得为这一事件的后果承担全部责任。他不能把责任推诿于他无法控制的条件,把自己的选择及其后果说成是不可避免、命中注定、迫不得已、顺乎自然、随波逐流等。人不能逃避自由,却能找出种种借口推卸责任,这些借口就是自欺。很多人相信自己不能做出选择或没有责任,这就是自欺。可见,自欺是一种自我描述,旨在回避因存在自由而产生的焦虑,但这注定会失败。自欺也是一种"虚假意识",这会阻碍人们去体验存在自由的潜在解放效果。自欺的伦理后果是,如果人们以自欺的方式行动,人们就加诸自欺于他人;如果人们否定自己的自由,也就否定了别人的自由。社会工作者就是要让人们认识到自欺,并尝试着回到本真性。

(四)本真性

没有自欺即为本真,本真的行动与自由和责任保持一致,这样的行为是与人类自由和自我创造一致的。要实现本真性的存在就要控制自己的生活,包括接受选择和责任、学会与焦虑共存，并且要以自己的价值观进行选择，而非屈从于外部影响。所以本真性就是存在的自我发现，它消解了自欺腐化性的一面。

（五）意向性

意向性即人具有根据他们希望未来如何而行事的能力。存在主义拒绝关于人或社会应该如何的任何先前的期望。这与行为主义或心理动力理论的观点不一样，它们宣称过去对现在有重要影响。因此，人们如何解读它并为了未来如何行动为人们的生活赋予意义。结果是，人类能够透过他们的个人自由去创造或界定自我。人格和社会结构是自由的人类的选择的结果。然而，他人将我们的行为贴上标签，这让我们不得不紧紧握住。因此，我们开始接纳被应用于我们所作所为以及我们是谁的社会期望的局限，这是我们应对关于生活的"荒诞"感觉的一种方式。

（六）关系

人们努力取得认同和与他人的关系。人们都在试图与他人建立关系，这样才可以免于孤独、焦虑和异化。但人们经常会体验到没有自我，为他人而活，或者成为自我的陌生人。因此人类处于一种独立和与他人相连的矛盾处境。这样，与他人建立一种共同成长的关系就是重要的，与此同时找回自我也是变化的重要条件。汤姆森甚至认为存在主义社会工作也是某种关系为本的社会工作形式，可见关系的重要性，因为存在的即关系的。

（七）焦虑

焦虑是存在主义的一个核心概念，焦虑来自生存的抗争，从而确保个体的存在，它是死亡、自由、隔离和无意义导致的结果。焦虑可以被视为个体成长的潜在来源或成长的刺激，没有焦虑个体就无法生活，也不能面对死亡。为此，干预的目标不是消除焦虑，而是鼓励案主直面生活、坚定立场、做出选择，从而体验到新的生活方式的满意感。

（八）死亡

存在主义对死亡有着较为积极的认识，因为认识到死亡是人类存在的一个基本状态，可以赋予生活更多的意义。这样，人们就了解到死亡是不可避免的现实，因此对死亡的思考是必要的。只有这样，死亡才能激励人们更为完整地生活，抓住当前的任何一个有意义的事件。总之，关于死亡的积极思考可以拯救人们的生活。雅洛姆认为治疗师可以在治疗过程中直接谈及死亡，因为直面死亡的恐惧可以帮助人们将死气沉沉的生活转变为更为真实的生活。

七、后现代主义理论

后现代主义是指 20 世纪六七十年代以来，具有反西方近现代体系哲学倾向的思潮。后现代思潮或理论叙述对社会工作专业内部的理论和实践讨论都产生了明显的影响。这些思潮在对社会工作的理论基础和实务模式提出质疑的同时，对社会工作专业的知识和专业建构本身也提出了新的看法。了解并从本质上清楚地认识后现代主义思潮，对人们了解不同时期社会工作领域内价值理念与理论要素的变化及其对实践模式的影响是十分有帮助的。

在欧洲，以德里达、马尔特、福柯等为代表的后结构主义者企图从批判早期结构主义的一些基本观念出发来解决和否定整个传统西方哲学的基本观念；在美国，奎因、罗等哲学家企图通过重建实用主义来批判、超越近现代西方哲学，他们对笛卡尔以来的西方哲学和尼采以来的现代哲学持否定的态度。正是20世纪60年代兴起的后结构主义和新实用主义，标志着后现代主义的建构。学术界普遍把后现代主义当作一种包括后现代艺术、社会学、哲学在内的思潮和文化思潮。

学术界在后现代主义的功用问题上主要存在两种观点。一种观点认为，后现代主义主要讲述否定和摧毁，它的功用就是消解人们的理论和摧毁现代文明套在人们身上的枷锁。在生活上，它们反对人类中心主义、反对男权主义、反对种族主义等现代文明；在理论上，它们对资本主义的工业文明进行批判和贬斥，企图消除现代理论对人们的影响。另一种观点认为，后现代主义不仅有否定和摧毁的一面，还有积极、肯定的一面。例如，后现代主义倡导创造性，建议通过创造性的活动来构建更为合理的世界；倡导对世界的关爱，重新构建人与人、人与自然之间的关系；推崇生态主义和绿色主义。

20世纪90年代以来，后现代主义思潮对社会工作理论与实践产生了较大的影响，社会工作者开始对传统的工作理念和方法进行重新审视。传统的社会工作把社会可以通过理性的安排使每个成员都成为理性的社会人当作真理，而现代理性则是通过制度、话语和实践等方式对个人进行控制。这样，社会工作就成为一种控制手段，把社会问题、个体的社会适应不良都归咎于个体和群体本身行为的不适当，而对产生不公正和苦难的社会制度不去质疑和谴责。

对社会工作的价值问题，后现代主义也提出了自己的反思。传统的社会工作价值观主要有新教伦理、人道主义和社会福利等观念，在实践中主要贯彻的是信教伦理。后现代的社会道德价值要求社会工作者反思的是应该尊重个体自决还是依赖社会工作者的知识，对人类本质做异质性的解释还是统一的解释。

对于社会工作的过程，后现代主义也提出了反思。传统的社会工作是社会工作者按照社会工作的理念、价值准则，运用社会工作方法从事社会服务；社会工作者利用自己倡导者、教育者、管理者等多重身份诱导案主重新回归社会中。后现代社会工作认为传统社会工作的实践过程存在很大弊端，因为社会工作人员是在利用自己的专业知识、价值趋向来服务案主，迫使他们接受规章制度并适应它们。后现代社会工作认为，在社会工作实务中需要对权利进行深入反思，社会工作需要多加重视那些被社会边缘化的案主的权利，唤醒并增强案主的权利意识，使其健康地表达或者行使自己的权利，并积极建立社会工作者与案主之间的平等关系。

后现代社会工作在对现存的社会工作理论和价值提出质疑的同时，对社会工作专业的知识和专业构建本身也提出了一些新的看法，比如积极倡导从多个角度看待问题，尊重文化、伦理、宗教精神的多元性等；主张个人与社会关系的多元公正。然而，社区是发展多元公正社会的基础。后现代的社区工作不仅重视社区共同体的发展，而且主张社区之间的协调以及国家之间的协调。后现代社会工作更加关注处于社会边缘的一些特殊群体和弱势群体的生活状况、心理状况等，重视案主主体性自我，强调案主的参与，重视社会工作过程中语言的真实性。

第四章 社会工作方法

第一节 社会工作方法概述

社会工作在其发展过程中形成了一套独特的、专业化的工作方法。作为应用社会科学，社会工作的核心是在一定理论指导下形成的一套因时因事而异的工作方法。社会工作方法并不是各自分立的，而是有着多方面的联系，在当代已经出现各种社会工作方法的整合趋势，面对各种社会工作任务，综合运用多种方法的社会工作综合模式正在形成和发展。

社会工作从社会使命看，强调"扶弱济贫"，以解决社会问题、维护社会稳定。从专业使命看，强调"助人自助"。"助人"是在个人、家庭、群体、社区出现困难时，社会工作者向其提供专业的服务和支援；"自助"则是通过社会工作的专业服务，整合其社会资源，挖掘潜能，推动困难人群走向"自救、自立、自助和自强"。

依据社会工作的价值理念，社会工作方法有多种分类方式，常见的有以下几种。

第一，按照服务对象大小，可以分为微观社会工作和宏观社会工作。

微观社会工作包括个案工作和小组工作，由于对象规模较小，主要采用相应的互动、聆听、激励等技术达成工作目标。宏观社会工作包括社区工作、社会工作行政、社会政策，由于范围较大，社会工作者需要运用策划、教育、政策等舒缓和解决大规模人群面临的问题和需要的技术。

第二，按照社会工作的目的，可以分为实务性社会工作和理论性社会工作。

实务性社会工作包括个案工作、小组工作、社区工作、社会工作行政和社会政策，旨在舒缓和解决服务对象的问题和需要。理论性社会工作包括社会工作研究，可以为实务性社会工作提供指南，也可以将实务性社会工作经验提升为理论。

第三，按照社会工作者与服务对象的接触程度，可以分为直接服务方法和间接服务方法。

直接服务方法就是社会工作者直接面对服务对象开展服务，包括个案工作、小组工作和社区工作。

个案工作是专业工作者遵循基本的价值理念、运用科学的专业知识和技巧、以个别化的方式为有困难的个人或家庭提供物质和心理方面的支持与服务，以帮助个人或家庭减轻压力、解决问题、挖掘生命的潜能，不断提高个人和社会的福利水平。服务的主体是社会工作者。这是社会工作中最先发展起来的一种科学的专业服务方法，对象是作为社会成员的个人或作为社会细胞的家庭。运用各种现代科学知识与技术，帮助个人或家庭预防或解决困难和问题，改善个人或家庭的生活，使之获得幸福。

小组工作是指将小组作为服务对象的助人工作方法。具有四层含义：一是小组工作是工作者按照既定的目标带领和引导的一个过程，同时是一种方法；二是工作者的带领过程以科学的知识和技巧为基础；三是小组成员在小组过程中进行互动；四是小组活动围绕小组成员和小组的目标展开。小组工作以团体为服务对象，主要运用科学知识协调团体与成员之间、成员与成员之间及团体之间的各种关系，促进团体成员与团体生活的健康发展，使团体及其成员能及时克服困难，解决面临的各种问题。

社区工作是社会工作的三大直接工作方法之一。人们可以认为社区工作是以社区为对象的社会工作介入方法，它通过组织社区成员参与集体行动界定社区需要，合力解决社区问题，改善生活环境及生活质量；在参与过程中，让社区成员建立对社区的归属感，培养自助、互助与自决的精神，加强他们在社区参与及影响决策方面的能力和意识，发挥其潜能，以创建更和谐的社区。社区工作是以社区为对象开展社会工作的一种方法，包括社区组织、社区服务和社区发展。任务主要是了解社区的问题与需要，利用社区的人力、物力、资源，争取社区外的配合、协作与支持，帮助社区及时解决面临的困难与问题，促进社区福利事业的发展，使社区在社会发展中发挥更好的作用。中国城市的居民委员会和农村的村民委员会是具有中国特点的社区工作。社会工作者在服务过程中，需要在与服务对象面对面的互动中运用专业技术。

直接服务方法中包含的个案工作、小组工作、社区工作三种方法，在解决和预防社会问题、调适社会关系、促进社会功能的正常发挥等方面发挥着重要作用，并相互关联，在当代的社会工作中，已呈现出一体化、综合化的趋势。

间接服务方法包括社会工作行政、社会工作研究和社会政策，社会工作者并不直接面对服务对象开展服务。主要包括以下几个方面。

①社会工作行政。通过政府的社会行政机构和各种社会事业机构的行政工作，贯彻执行国家与地方社会工作的方针、政策，发挥行政功能，促进社会事业的建设和发展。

②社会工作督导。通过规定的程序对社会工作及其专业教育的计划方案的实施进行评估，传授社会工作专业的理论、知识、经验和方法，提高社会工作和教育的质量，保障服务对象的权益。它是社会工作行政的重要辅助形式。

③社会工作咨询。对社会工作者或服务对象提供有关的信息、情报、资料和技术，以提高有关人员的素质与服务能力，或解决困难的能力。

④社会工作研究。通过对社会工作的科学研究，包括对社会福利政策、各种社会服务项目、社会工作实践、社会工作评价等的研究，提高社会工作者的专业知识、技能及其服务水平。

接下来，主要介绍个案工作、小组工作、社区工作和社会工作行政四种社会工作方法。

第二节 个案工作

个案工作是指社会工作者运用专业的知识、方法和技巧，通过专业的工作程序，帮助有困难的单个个人或者家庭发掘和运用自身及其周围的资源，改善个人与社会环境之间的适应情况。

一、个案工作的主要模式

为了保证个案工作的科学性和有效性，在开展个案工作过程中需要运用个案工作中相关的服务模式。个案工作的服务模式既是用来指导社会工作者针对某个服务对象开展专业服务的理论依据，也是帮助社会工作者决定个案工作的程序和服务方法的重要依据。个案工作的服务模式有很多，而且差别很大，下面着重介绍四种常用的个案工作的服务模式，即心理社会治疗模式、危机介入模式、行为治疗模式和人本治疗模式。

（一）心理社会治疗模式

1. 心理社会治疗模式的理论假设

人生活在特定的社会环境中，生理、心理和社会这三个方面的因素相互作用，共同推动个人的成长和发展。服务对象的问题与服务对象感受到的压力有关。人际沟通交流的状况是保证个人与个人之间进行有效沟通交流的基础，也是形成个人健康人格的重要条件。该模式认为每个人都是有价值的，即使是暂时面临困扰的服务对象，也具有自身有待开发的潜能。

2. 心理社会治疗模式的治疗技巧

心理社会治疗模式可以运用的技巧比较多，包括直接治疗技巧和间接治疗技巧两大类。所谓直接治疗技巧，顾名思义是指直接对服务对象进行辅导、治疗的具体方法。可以根据社会工作者与服务对象的沟通交流状况，以及反映服务对象内在想法和感受的状况分为非反思性直接治疗技巧和反思性直接治疗技巧。间接治疗技巧是指通过辅导第三者或者改善环境间接影响服务对象的具体技巧。间接治疗技巧的运用对象很广，包括服务对象的父母、朋友、同事、亲属、邻里和社区管理人员等，把个案工作服务介入的焦点从服务对象个人扩展到服务对象周围的其他社会成员。

3. 心理社会治疗模式的特点

①注重从人际交往的场景中了解服务对象。②运用综合的诊断方式确定服务对象问题的原因。③采用多层面的服务介入方式帮助服务对象。

（二）危机介入模式

危机是指一个人的正常生活受到意外危险事件的破坏从而使其产生的身心混乱的状态。危机通常可以分为两类：一是成长危机，即每个人在成长过程中需要面对不同的任务而产生的危机；二是情境危机，即因生活情境的突然改变而引发的危机。

1. 危机介入模式的应用原则

①及时处理。由于危机的意外性强、造成的危害性大，而且时间有限，需要社会工作者及时接案、及时处理。②限定目标。危机介入的首要目标是以危机的调适和治疗为中心尽可能地降低危机造成的危害，避免不良影响的扩大。③输入希望。在危机中帮助服务对象的有效方法是给服务对象输入新的希望，让服务对象重新找回行动的动力。④提供支持。社会工作者需要充分利用服务对象拥有的周围他人的资源，如父母亲的关心、朋友的支持等，为服务对象提供必要的支持。当然，同时需要培养服务对象的自主能力。⑤恢复自尊。危机的发生通常导致服务对象身心的混乱，使服务对象的自尊感下降。社会工作者要帮助服务对象恢复自信，培养其自主能力。实际上，整个危机介入过程就是社会工作者帮助服务对象增强自主面对和克服危机能力的过程。

2. 危机介入模式的特点

①迅速了解服务对象的主要问题，快速做出危险性判断。这样既可以有效减少或者阻止服务对象的破坏行为，又可以预防或者减轻对社会工作者自身的伤害。②有效稳定服务对象的情绪。社会工作者需要借助简洁易懂的语言、专心的聆听、感情的支持等技巧稳定服务对象的情绪，与服务对象建立相互信任的合作关系。③积极协助服务对象解决当前问题。

（三）行为治疗模式

1. 行为治疗模式的三种学习理论

行为治疗模式将三种学习理论作为自己的理论基础：经典条件作用理论，操作性条件作用理论，社会学习理论。

2. 行为治疗模式的五种治疗技术

①放松练习。要求服务对象通过身体的放松舒缓生理和心理的紧张。②系统脱敏。按服务对象的担心和害怕程度，由低到高依次让服务对象做放松练习，直到消除所有的担心和害怕。③满灌疗法（又称快速脱敏法）是从服务对象最害怕的处境开始，迫使服务对象直接面对最担心的处境，经过不断重复，让服务对象对害怕的处境变得习以为常。④厌恶疗法。让服务对象的不适应行为与某种厌恶性反应建立联系，迫使服务对象体会到不愉快的经验并逐渐放弃不适应的行为。⑤模仿。首先由社会工作者或者其他工作人员示范需要学习的行为让服务对象观察，然后让服务对象练习需要学习的行为。

3. 行为治疗模式的特点

①注重服务对象行为评估。②关注服务对象行为修正。③侧重修正行为效果的评估。④修正行为效果的评估对于了解行为治疗模式的服务效果起着非常重要的作用。

（四）人本治疗模式

1. 人本治疗模式的理论假设

对人性的基本看法：认为人的本质是好的，具有发挥自身内在各种潜在能力、追求不断发展的基本趋向。自我概念：认为如果服务对象的自我概念依赖周围他人的价值标准，并以此确定自己的行动方式，就会与自己的真实需要发生冲突。心理适应不良和心理适应失调：当他人的价值标准内化为服务对象的内心要求时，就会使服务对象的自我概念与真实的经验和感受相冲突。

2. 人本治疗模式的特点

①注重社会工作者自身的品格和态度。社会工作者只有提供真诚、同感和无条件的积极关怀，全身心地与服务对象交流，才能为服务对象创造和谐、信任、宽松的辅导环境，促进服务对象的自我发展。②强调个案辅导关系。个案辅导关系需要具备真诚、同感和无条件积极关怀三项充分必要条件。③关注个案辅导过程。社会工作者只有借助具体的个案辅导过程才能与服务对象进行真诚的沟通交流，让服务对象体会此时此地的各种内心冲突和不安，了解自己的真实需要，发挥自己的各种潜在能力。

二、个案工作各阶段的工作重点

个案工作的介入过程可以分为接案或转介、收集资料、制订计划、签订协议、开展服务、结案、评估和追踪等不同的阶段。

（一）接案或转介

接案就是把有需要的求助对象纳入个案工作的工作程序中。在接案过程中，个案工作的工作重点包括：了解求助对象的求助愿望；促使有需要的求助对象成为服务对象；明确服务对象的要求；初步评估服务对象的问题和需要。在这一过程中，第一印象非常重要，直接影响服务对象进一步寻求服务机构帮助的动力和信心。

此外，对于那些立即需要帮助而机构或者社会工作者无法给予及时必要帮助的服务对象提供转介服务，即通过一些必要的手续把服务对象介绍给其他能够给予及时必要帮助的服务机构或者其他社会工作者。在转介之前需征得服务对象的同意，并且说明转介的理由。通常只有在以下两种情况下才允许为服务对象提供必要的转介服务：一是服务对象需要解决的问题不属于本机构的服务范围；二是服务对象生活在本机构的服务区域之外。

（二）收集资料

收集资料，是指详细收集与服务对象问题有关的资料，并对服务对象问题的成因和发展变化进行评估的过程。

1. 收集与服务对象问题有关的资料

个人资料包括服务对象生理、心理和社会方面的情况，环境资料包括服务对象的家庭、同辈、社区和工作环境等情况。当然，资料收集还包括个人与周围环境之间的互动情况。

2. 对服务对象的问题进行评估

社会工作者依据收集的资料对服务对象问题的形成原因和发展变化过程进行评估，从三方面做出确定：一是服务对象的问题；二是服务对象问题产生的原因；三是服务对象曾经做出的努力。

（三）制订计划

应包括以下六个方面：①服务对象的基本情况，如姓名、性别、年龄等；②服务对象希望解决的问题；③工作计划的目标，包括总目标和每一阶段的子目标；④服务开展的基本阶段和采取的主要方法；⑤服务开展的期限；⑥联系方式。

制订一个完备的服务工作计划，要求社会工作者做到以下五点：①准确分析服务对象的需要和问题；②明确服务工作的目标、阶段和方法；③熟悉服务机构提供的具体服务；④清晰认识社会工作者具备的能力；⑤了解服务对象拥有的资源。

（四）签订协议

为了明确双方的责任和义务以及增强服务对象改变的动力，社会工作者在制订好服务工作计划之后还需要与服务对象签订工作协议。该协议通常包括五个方面的基本内容：①服务目标；②服务的内容和采用的方法；③服务双方应有的权利和义务；④服务的地点、时间、期限和次数；⑤服务双方签字。在实际个案工作中，通常会采用口头的工作协议方式，它的要求并不像书面工作协议那样严格。

（五）开展服务

在服务工作计划的实施过程中，社会工作者需要根据服务介入的具体情况扮演以下一些基本的角色，推动服务工作计划的顺利开展。①使能者，即社会工作者运用自身拥有的专业知识和技巧调动服务对象自身的能力和资源，发挥服务对象的潜在能力，促使服务对象发生有效改变。②联系人，即社会工作者帮助服务对象与拥有资源的服务机构联系，保证服务对象能够获得合适的服务。③教育者，即社会工作者指导服务对象学习处理问题的新知识、新方法，调整原来的行为方式。④倡导者，即社会工作者利用自己的身份和权利倡议机构实行必要的改革，为缺乏资源的服务对象争取更合理的服务，或者动员服务对象一起争取一些合理的资源和服务。⑤治疗者，即社会工作者运用专业的方法和技巧消除或者减轻服务对象的困扰。

（六）结案

服务工作计划顺利展开之后，就会进入服务工作的结束阶段。一般情况下，出现以下五种情况之一就可以结案：①社会工作者与服务对象都认为工作目标已经达到；②虽然问题没有彻底解决，但服务对象已经具备独立面对和解决问题的能力；③社会工作者与服务对象的专业关系不和谐，希望结束服务；④服务对象出现了一些新的要求和问题，需要其他社会工作者或者服务机构解决；⑤因为一些不可预测的因素需要结束服务。对于③④⑤三种情况，社会工作者不仅需要结束服务，还需要与其他服务机构或者社会工作者联系，帮助服务对象获得合适、必要的服务。

在结束阶段，为了帮助服务对象顺利面对服务工作的结束，社会工作者需要做好以下四项工作：①预先告知服务对象，让服务对象对服务结束做好准备；②巩固服务对象在已经开展的服务工作中获得的改变和进步；③与服务对象一起进一步探讨影响问题解决的因素，为服务对象结案之后独立面对问题做好准备；④鼓励服务对象表达结案时的情绪，与服务对象一起探讨结案后的跟进服务。

结案时可以采取不同的形式，最常用的有以下三种：①直接告诉服务对象；②延长服务间隔的时间；③变化联系的方式。

（七）评估

评估是指对个案工作的服务效果和效率进行评定。它的主要内容涉及三个方面：①服务对象的改变状况；②工作目标的实现程度；③服务介入工作的人力、物力和其他资源的投入。

评估经常采用的方法有：①由服务对象评估服务工作的开展状况以及对服务工作的满意程度；②由社会工作同行评估服务工作的开展状况；③由服务机构评估社会工作者的服务工作开展状况。

（八）追踪

结案之后并不意味着服务工作结束，就一般情况来说，还需要根据服务对象的情况安排追踪（又称跟进）。追踪主要有三个方面的任务：①根据服务对象的状况安排一些结案之后的练习，巩固服务对象已经取得的进步，增强服务对象独立面对问题的能力；②调动服务对象的周围资源，增强服务对象的社会支持；③持续评估服务工作的效果。

三、个案工作的常用技巧

个案工作的技巧很多，根据个案工作的过程，可以划分为会谈、建立关系、收集资料、方案策划和评估等不同方面的常用技巧。

（一）会谈技巧

个案会谈是指社会工作者与服务对象进行面对面的有目的的专业谈话（又称个案面谈）。主要包括以下三方面的技巧：①支持性技巧是社会工作者借助口头和身体语言让服务对象感受到被理解、被接纳的一系列技术，主要包括专注、倾听、同理心和鼓励等。②引领性技巧是社会工作者主动引导服务对象探索自己过往经验的一系列技巧，主要包括澄清、对焦、摘要等。③影响性技巧是社会工作者为服务对象提供必要的信息或者建议，让服务对象采取不同的理解和解决方法的一系列技巧，主要包括提供信息、自我披露、建议、忠告、对质等。

（二）建立关系技巧

这里所说的建立关系是指社会工作者与服务对象初次接触建立相互信任的专业合作关系，以便个案工作的顺利开展。技巧如下：①感同身受。社会工作者把自己置于服务对象的位置体会服务对象面对的压力和挑战。②建立有利于服务对象积极表达的关系模式。社会工作者要借助服务对象的目标、彼此的希望和角色等方式，与服务对象建立有利于服务对象积极表达的关系模式。③制造气氛。通过选择和安排与服务对象初次见面的环境，营造良好的气氛，促进专业合作关系的建立。④积极主动。服务对象寻求帮助时通常内心充满矛盾，社会工作者积极主动的态度和友善的行为可以减轻服务对象的紧张和不安，增强服务对象的信心。

（三）收集资料技巧

资料的收集过程是社会工作者通过与服务对象及其周围他人的接触、会谈和自己的观察，以及调查整理与分析服务对象问题产生的原因和发展变化的过程。其中涉及以下一些主要的技巧：①会谈的运用。对于服务对象自己的经历和内心感受的资料可以采取由服务对象自我陈述的方式，允许服务对象按照自己的方式讲述自己的情况；而对于一般性的情况，可以采用严格的对答方式，保证信息的完整。②调查表的运用。对于一些涉及隐私或者不便于在社会工作者面前表达的资料，可以采用调查表的方式，让服务对象能够自如地表达自己的想法和感受。③观察的运用。对于服务对象与周围他人之间互动交流的方式，最好采用观察的方式，直接了解服务对象与周围他人的交流方式和过程。④现有资料的运用。有些资料都有记录，像学生的成绩单、低保户家庭的基本状况等，社会工作者可以通过有关机构查阅和收集这方面的资料。

（四）方案策划技巧

服务介入工作是否能够顺利展开，在很大程度上取决于是否能够制订一个好的服务工作方案。而制订一个好的服务工作方案，需要社会工作者掌握以下一些方案策划的技巧：①目标清晰而且现实；②服务对象的范围明确；③策略合理。

（五）评估技巧

这里所说的评估是指服务介入总结结束阶段的评估，目的是对整个服务介入过程进行检查和反思。其中涉及以下一些主要的技巧：①正确运用评估类型。评估通常有两种方式，即对介入活动的效果评估和对所运用策略、方法和技巧的评估。②合理运用评估的方法。评估的方法有很多，社会工作者需要根据评估工作的要求以及服务对象的情况选择合理的评估方式。③服务对象的积极参与。在评估过程中，社会工作者可以通过不在场、不记名等方式让服务对象有充分的空间表达自己的想法和感受，参与评估过程。④坦诚保密。在评估之前，社会工作者就需要向服务对象说明评估是为了改进现有服务工作，表达自己的诚意，并且承诺为服务对象保密，以减轻或者消除服务对象的担心。

第三节　小组工作

小组工作又称为团体工作，它是以小组为单位（两个或者更多的人）的助人工作方法，是社会工作方法在群体情境中的应用，是群体与社会工作方法的结合。

一、小组工作的类型与特点

（一）小组工作的类型

1. 教育小组

它是帮助小组成员学习新知识、新方法，或补充相关知识，促使成员能够改变自己原本对问题的看法和解决的方式，以达到改变成员的目标。

2. 成长小组

它的目标是帮助小组成员了解、认识和探索自己，帮助成员最大限度地启动和运用自己的内在资源，充分发挥自己的潜能，解决问题并促使个人正常健康地发展。

3. 支持小组

它是把具有同质性的人聚集在一起，其小组成员一般都有相同的问题、经历或经验，通过相互支持的方式，达到解决问题和改变成员的目的。

4. 心理治疗小组

它的小组成员通常都是曾经在生命中有过创伤的人。治疗性小组就是希望帮助成员缓解症状及其影响力，帮助成员通过治疗创伤复原并康复，降低不良症状，促使人格改变。

（二）小组工作的特点

1. 在功能上的特点

①影响个人转变。通过小组工作的过程，让小组成员在价值观、态度及行为方面发生转变和改善，帮助人们形成积极的生活态度和公民的社会责任感。②社会控制。小组工作过程可以使小组成员学习、遵从、适应社会需要的行为规范，培养其社会责任心。③形成群体力量解决问题。小组成员必须学习共同思考、团结协作、彼此支持，共同面对环境和问题。④再社会化。小组工作过程可以帮助小组成员改变以往那些不适应社会生活的观念和行为，解决在社会生活中遇到的各种问题。⑤预防。通过小组成员之间的积极互动，他们之间建立相互信任和相互支持的关系，为他们提供支持和帮助，以解决问题和预防问题的发生。

2. 在成效上的特点

①促进人际交往。小组工作方法可以给人们提供一种进行群体生活以及人际互动的体验环境，通过个人在群体中的互动，实现其社会功能的变化和增强，达到个人的发展与成长。②运用团体动力。小组过程能够影响个人的价值观念、态度及行为，通过相互影响发生积极的变化，使他们能够在家庭及社会中承担积极的和创造性的角色。③促进经验分享和经验选择。人与人能够通过分享经验而产生相互影响。小组工作者能够有目的地选择小组的过程和方案，让小组成员去经历，从而产生所希望的特殊转变，帮助个人适应生活环境，增强处理个人问题的能力。④带来的转变更为持久。通过小组成员之间、成员与社会工作者之间经验的互动分享，在每一个人周围也会形成一定的相互支持网络，对人的影响和由此带来的转变会比其他社会工作方法更为持久。⑤在时间和人力资源等方面更经济。由于是用群体性的方法集中解决问题，小组工作比较节省时间和人力资源。

二、小组工作的主要模式

小组工作自创立以来，形成了许多工作模式。其中，互动模式和发展模式是两种最基本的工作模式。

（一）互动模式

互动模式也称为交互模式或互惠模式，它关注小组中成员与小组和社会环境间的关系，希望通过个人、小组和社会系统之间的开放和相互影响达到增强个人和社会功能的目的。互动模式将小组工作的重点集中于小组成员与小组成员之间为满足共同需要所产生的互动过程上。

1. 基本假设

个人与社会系统之间存在依赖关系，小组为个人的社会功能发挥提供了有效场所，小组带领者在这里通过组织小组成员互动，使成员发掘自身潜能，增强其社会交往信心，增加知识和提高技巧，以便其能更好地适应社会生活。

2. 互动模式的特点

互动模式的小组目标是使小组成员在社会归属和相互依存中得到满足。互动模式要求成员在团体中有平等互惠的动机和能力。互动模式中的小组工作者扮演的角色是中介者、使能者。

3. 互动模式的实施原则

互动模式下的小组以成员间的相互作用和相互影响来实现小组目标；成员之间的"面对面"和密切的互动关系是小组存在和发展的动力；小组工作者扮演着协调者的角色。

（二）发展模式

发展模式也称为过程模式，它以人的发展为核心，以关注人的社会功能的恢复、预防人的社会功能的缺失、发展人的社会功能为目标。

1. 基本假设

人有潜力做到自我意识、自我评价和自我实现；能够意识到他人的价值、评价他人，并与他人形成互动；能够意识到小组的情景，评估小组的情景，并在小组中采取行动。

2. 发展模式的特点

发展模式的小组目标是促进小组成员和小组的共同成长。发展模式中小组成员通过互动、学习和经验分享获得自我成长。发展模式中小组工作者扮演着协调者和使能者的角色。

3. 发展模式的实施

发展小组成员的认知，形成小组共识；建立小组目标，形成小组动力；激发小组成员的潜能，增强小组成员的能力。

现今，在小组工作实务中，越来越多的学者和实务工作者主张对各种小组工作模式进行整合，强调社会工作者在小组中的领导角色和小组结构是随着小组的工作进程而出现、变化和发展的。

三、小组工作各阶段的工作重点

小组有一定的生命周期，它一般应分为五个阶段：小组准备期、小组初期、小组中期、小组后期和小组结束期。在每个阶段都有各自的工作重点。

（一）小组准备期

它是在小组工作正式开始之前，社会工作者对组成小组进行的全面而充分的准备工作阶段。

1. 小组成员的状况

小组成员通常有两种，即已经明确希望进入小组的人和潜在的小组成员。

2. 社会工作者的任务

明确工作目标；制订工作方案；选择（招募）小组成员；申报并协调资源；物质准备。包括：选择小组场地，聚会采取的座位安排，相关设施的准备以及发出活动通知；落实资金的支持；对小组过程中可能出现的意外情况要有所估计，并做出充分的应急准备。

（二）小组初期

从第一次聚会起，小组工作就进入了小组初期，也是小组的正式开始。

1. 小组成员的特点

①小组初期的最开始阶段，小组成员心理与行为是比较矛盾的。主要表现为：两极情感困境，对他人有既想接近又想回避的戒备心理。②以往经验的影响，小组成员以往的经历会被自然地带进小组，从而影响他们在新小组中与人相处。③试探，小组成员对于小组、其他成员、工作者都会有不同的试探。

2. 社会工作者的角色

在小组工作初期，社会工作者处于小组的核心位置，工作角色如下：①领导的角色。社会工作者要计划与引导发展小组的活动，对所有的具体程序和细节做出安排。②鼓励的角色。社会工作者要鼓励小组成员接纳小组的内部和外部条件，鼓励每个成员介绍自己，尽量放松地表达自己对小组和其他成员的各种期望，尽快适应小组环境。③组织者的角色。社会工作者要组织一些能够有助于小组成员之间相互了解的活动，打破僵局，帮助和促进他们尽快成为熟人。④统筹的角色。社会工作者要有目的地设计并引导小组按照特定的路径与方向发展。

3. 社会工作者的任务

充分理解小组成员进入小组初期时矛盾的两极心理状态；把工作焦点集中在如何帮助小组成员建立相互信任上；创造可信赖的环境，促进小组成员间相互了解，澄清小组目标，并促进与目标相一致的小组规范和小组结构；承担好组织者、鼓励者和统筹者的角色。

（三）小组中期

这是小组成员之间形成亲密关系的阶段，也是开始出现小组权力竞争和控制的阶段。小组中期的工作重点，就是围绕冲突的处理来实现小组目标和控制小组进度。

1. 小组成员的特点

①关系亲密。小组成员之间的熟悉程度增加了，相互之间更开放，开始关心其他成员。②认同小组。心里承认自己是这个小组的一员，也愿意在小组中表达自己的想法。③权力竞争与控制。小组成员之间与其他人慢慢熟悉之后可能会出现竞争，以确立自己在小组中的角色与位置。④小组成员在冲突中的特殊表现。当小组为权力竞争出现冲突时，有些人的语言和行为会有攻击性，有些人会表现得沉默不语，还有一些人成为小组中不满情绪的发泄对象、成为替罪羊。

2. 小组工作者的角色

这时，小组成员的能力不断增强。社会工作者在其中的角色是协助者和引导者。

3. 社会工作者的任务

社会工作者的主要任务是协助小组成员处理好冲突，以焦点回归的方式，把问题抛回成员，同他们一起寻找解决问题的办法。

（四）小组后期

小组后期也称为小组的工作阶段，是形成良好小组状态，并可以依靠自己的动力发展运作的时期。小组成员更联合、更客观、更合作，以至能提出更现实的建议或计划，并实施大型的方案、项目。

1. 小组成员的特点

①小组成员彼此熟识和聚合，能接纳其他成员的个性、实力、态度和需要，能够相互支持，自由地沟通。②对小组有较高的认同，开始经常用"我们"而不是小组。③家庭式的情感减弱，次小组出现。④成员之间权力的竞争和情感波动趋于缩小，成员会以不同的方式塑造小组的权力结构。

2. 社会工作者的角色

资源提供者、能力的促进者、引导和支持者。

3. 社会工作者的工作重点

关注小组目标的转化与追求，有些小组成员可能会对小组目标提出新的要求和需求，可以自己决定调整转换目标。要关注小组凝聚力的状况，鼓励正面意义的凝聚力，抑制会导致一些成员有从众行为而放弃个人的不同意见的负面凝聚力。

（五）小组结束期

小组进行到终结，并且小组目标已经实现。

1. 小组成员的特性

①离别情绪。小组结束时,小组成员可能同时有正面和负面两种情绪感受,否认小组工作应该结束。②情绪转移。小组成员面临分离,开始在其他地方寻找新资源以满足他们自己的需要。③两极行为。小组成员因为对于结束期的无可奈何,由焦虑到出现逃避行为,不参加活动、逃避现实。

2. 社会工作者角色

①引导的角色。面对小组成员的离别情绪,社会工作者要予以适当的接纳与支持,引导他们做好情绪表达和学习处理离别。②领导的角色。社会工作者以领导的角色和专业职责,协助小组成员完成理想的结束过程。

3. 社会工作者的任务

认识小组成员以离别情绪为主的心理行为特点;要以帮助小组成员处理离别情绪和维持小组经验为介入的焦点;做好结束期的工作和小组评估;担当好小组领导和引导的角色。

四、小组工作的常用技巧

小组过程中常用的方法和技巧主要有:沟通和互动的技巧,控制小组进程的技巧,掌握小组会议的技巧和策划小组活动的技巧等。

(一)沟通和互动的技巧

①全神贯注倾听;②积极给予回应;③适当帮助梳理;④及时进行小结;⑤表达鼓励支持;⑥促进互动交流。

(二)控制小组进程的技巧

①适当给出解释;②提供精神支持;③促使承担责任;④避免行为失当;⑤连接集体和个人;⑥严格设定界限;⑦适当挑战内心;⑧分类妥善处理;⑨整合小组行动。

(三)掌握小组会议的技巧

①做好开场讲演;②设定会议基调;③把握中心话题;④播种未来希望;⑤善于等待求变;⑥真诚流露自我;⑦告知可选方案;⑧灵活运用眼神;⑨订立行动同盟。

(四)策划小组活动的技巧

1. 小组活动的设计

由于小组过程是动态的,因此小组活动的设计一定要与小组的发展阶段和态势相适应。小组初期活动的主要任务是促使小组成员相互熟识,主要是创造轻松和谐的小组气氛,以利于成员相识。小组中期的活动在于巩固小组成员已经形成的共识,进一步消除分歧,促进小组整合及使成员获得认同感和归属感。这一时期的活动设计包括两个部分：一是增加信任、促进合作；二是自我探索、发掘潜能。小组结束期活动设计的重点应该放在两个方面：巩固小组成员在小组中的学习成果和准备小组正式结束。巩固学习成果，常用的方式有：通过角色扮演回顾小组历程中的重要事件和分享自己的收获；小组成员间彼此介绍对方在小组过程中的变化与成长，并进行讨论等。着手小组结束工作，目的是帮助小组顺利地告一段落，减轻或消除小组成员由于小组即将结束可能产生的不安或抗拒的情绪和行为。

2. 设计小组活动需要考虑的因素

小组的最终目标；小组成员的特征及能力；物质环境及资源提供的状况。当然，小组活动只是一种辅助手段，它是为实现小组目标、完成小组工作任务服务的。因此，在开展活动时要注意分寸，适度控制。只有能够实现小组目标的活动才会对小组工作有所帮助。

第四节　社区工作

一、社区工作的特点和目标

社区工作是以社区为对象的社会工作介入方法。它通过组织社区成员参与集体行动界定社区需要，合力解决社区问题，改善生活环境及生活质量。在参与的过程中，让社区成员建立对社区的归属感，培养其自助、互助与自决的精神，增强他们在社区参与及影响决策方面的能力和意识，发挥其潜能，以创建更和谐的社区。

（一）社区工作的特点

作为一种工作方法，社区工作与个案工作和小组工作相比有其独特性。首先，分析问题的视角注重结构取向。社区工作认为问题的产生并不完全是个人自身的原因，而是与社区周围的环境及社会结构有密切的关系。其次，介入问题的层面更为宏观。社区工作较多涉及社会层面，牵涉到社会政策分析以及政策的改变，注重资源和权利的分配。再次，具有一定的政治性。社区工作者有些时候会采取多种行动为社区居民争取合理的资源分配。最后，富有批判和反思精神。社区工作总是在关注问题，并且试图从根本上找出问题的症结，由此引发出对现存社会结构和政策的反思。

（二）社区工作的目标

1. 鼓励社区居民参与

社区工作者相信社区居民有能力解决影响其生活的各种问题，只是缺乏一些知识和技巧，因此，鼓励居民参与。

2. 提高社区居民的社会意识

让社区居民认识到，反映和表达自己的意见是其拥有的权利，而个人也有责任去履行公民的义务，关心社区问题，改善社区关系，使社区资源和权利能够平等分配。

3. 善用社区资源，满足社区需求

使社区资源能有效地回应社区需求。

4. 培养相互关怀和社区照顾的美德

社区工作可以促进社会的互相关怀，达到社区照顾的目的。

二、社区工作的主要模式

下面介绍的是目前在国内外应用较普遍，并取得了良好成效的地区发展、社会策划和社区照顾三个实施模式。

（一）地区发展模式

地区发展模式是社区工作者协助社区成员分析问题，发挥其自主性的工作过程，目的是提高他们及地区团体对社区的认同，鼓励他们通过自助和互助解决社区问题。

1. 地区发展模式的特点

①较多关注社区共同性问题。共同性问题是指对社区中绝大部分居民的生活造成影响的问题，注意通过建立社区自主能力来实现社区的重新整合。②过程目标的地位和重要性超过任务目标。任务目标是完成实际的工作或解决一些特定的社区问题，过程目标是指通过社会工作过程希望达到的目标。当然重视过程目标并不等于排除任务目标，两方面的目标是相辅相成且互相促进的。③特别重视居民的参与。居民是组成社区的分子，是社区工作者的工作对象或服务对象。居民的参与是应对和解决社会问题的一种方法。

2. 地区发展模式所采用的策略

主要集中于推动社区成员的参与和互助合作，改善沟通和合作的渠道，更好地运用地区资源，解决现存的社区问题。①促进居民的个人发展。通过一些有目的性的活动，让居民相互熟悉、交往、沟通，并让部分有积极性的居民承担一些任务，或参与活动的策划或管理，以增强居民处理事务的能力和责任感。②团结邻里。社区工作者一般会组织多元化的活动鼓励居民参与，推动建立社区归属感和认同感。③社区教育。它主要解决的是居民对社区资源不熟悉、社区认同感不强的问题。④提供服务和发展资源。主要针对的是社区服务和社区资源缺乏的问题。⑤社区参与。主要是处理社区面对的部分共同问题。

3. 地区发展模式中社会工作者的角色

由于地区发展模式注重居民参与，并强调参与者的自立、自助和成长。因此，社区工作者主要扮演的角色是：①使能者。协助居民表达对社区问题的诉求和意见，鼓励和协助居民组织起来，帮助他们建立良好的沟通渠道及人际关系，促进共同目标的产生，促成共同目标的实现。②教育者。社区工作者要通过培训，帮助居民掌握解决问题的技巧和组织技巧，培养他们积极参与和自助互助的精神。③中介者。协调各方面的社区团体和个人，促进他们之间的沟通和合作，调动社区资源，解决社区的问题。

（二）社会策划模式

社会策划模式是在了解社区问题的基础上，依靠专家的意见和知识，通过理性、客观和系统化的分析，对解决社区问题的过程和方法进行策划的工作模式。

1. 社会策划模式的特点

①注重任务目标的实现。社会策划模式所关注的社区存在着多重问题，它以解决实质社会问题为主要工作取向。②强调运用理性原则处理问题。一方面强调过程的理性化，另一方面强调运用科学方法。③注重由上而下的改变。社区工作者扮演专家的角色，运用知识、科学的决策能力及其权威，推动其策划改变。④指向社区未来变化。目的是尽量降低将来的不稳定性及变化无常的程度。

2. 社会策划模式的实施策略

主要是完整地执行一个策划的过程，具体步骤如下：①了解组织的使命和目标。②分析环境和形势。③自我评估。④界定和分析问题。⑤确定需要。⑥确定目标和达成目标的标准。⑦寻找、比较并选择好的方案。⑧测试方案。⑨执行方案。⑩评估结果。

3. 社会策划模式中社会工作者的角色

技术专家；方案实施者。

（三）社区照顾模式

社区照顾模式是社会工作者动员社区资源，运用非正规支援网络，联合正规服务所提供的支援服务与设施，让有需要的人士在家里或社区中得到照顾，过正常的生活。

1. 社区照顾模式的特点

帮助服务对象正常地融入社区；强调社区责任；非正规照顾是重要因素；提倡建立相互关怀的社区。

2. 社区照顾模式的实施策略

在社区照顾，是指将一些服务对象留在社区内并向其提供服务。可以采取以下形式：

将照顾者迁回他们熟悉的社区中的家庭里生活，并辅以社区支援性服务；将社区内的大型机构改造为更接近社区的小型机构；将远离市区的大型机构迁回社区内，使服务对象有机会接触社区。由社区照顾，是指由家庭、亲友、邻里、志愿者等所提供的照顾和服务。其重点是积极协助弱势群体和有需要的人士在社区中重新建立支持网络：提供直接服务的网络；服务对象自身的互助网络；社区紧急支援网络。对社区照顾，着重指社区照顾过程中的支援性社区服务辅助。

3. 社会工作者在社区照顾中的角色

治疗者；辅导者和教育者；经纪人；倡议者；顾问。

三、社区工作各阶段的工作重点

社区工作是一个解决社区问题、满足社区需求的过程，一般划分为以下几个阶段：准备阶段、启动阶段、巩固阶段和评估阶段。不同的社区工作阶段都有其工作的重点。

（一）准备阶段

1. 了解社区状况，进行社区分析

社区基本情况分析：社区的地理环境；社区内的人口状况；社区内的资源；社区内的权力结构；社区的文化特色。社区需求分析：规范性需求，是专业人员、行政人员或专家学者，依据专业知识和现有的规定或规范，指出在特定情况下所需的标准；感觉性需求，当个人被问及是否需要某一特定服务时，其反应就是感觉性需求；表达性需求，当个人把自身的感觉性需求通过行动来表达和展现时，即成为表达性需求；比较性需求，是指与其他个人和社区进行比较而得出的需求。

了解社区居民对社区的看法和需求主要有两种方式。①访问法。通过与各类社区居民面对面的谈话，能深入了解社区的需要，而且在访问过程中也较容易与社区居民建立关系。②社区普查。通过问卷或访问对社区中的每一家庭进行调查，了解他们对社区需要的想法。

2. 工作重点

确定主要任务和行动方案；确定介入策略和工作方法；社会服务机构做好自己的准备。

（二）启动阶段

1. 行动方针

发动资源，成立社区小组，训练社区居民带头人，巩固社区居民的参与。

2. 主要任务

寻找和发现社区居民中的带头人，并进行培训工作，提高其对参与社区事务意义的认识；确定工作目标的优先次序，加强社区中的互助合作气氛。

3. 介入策略

发掘资源和进行社区教育，通过社区服务和活动，发现居民中有影响力、权威性和号召力的居民带头人；开展互助合作，借助组织社区内的资源，共同解决社区问题；推动成立居民小组，社会工作者可以根据居民的兴趣、爱好，组成自娱自乐的自助性小组；提供服务，社会工作者要能够创造互动机会，让居民通过服务过程相互认识。

4. 阶段性工作目标的实现

当社区内组成了不同性质的小组，培养了一批社区带头人群体，并能够协助社区解决一些问题时，这一阶段的工作目标就实现了。

5. 注意事项

由于社会工作者依靠专业能力提供了较多服务和活动，居民在信任社会工作者的同时也会不自觉地依赖他们，对社会工作者的认同度高，而对居民带头人的信赖度低，居民带头人因此有挫折感，这造成了社会工作者培养居民带头人的困难。另外，各类居民小组成立后，小组内部和小组之间也会有人事和权力的争夺，需要社会工作者谨慎处理。

（三）巩固阶段

这一阶段，社区中新组成的各类小组朝气蓬勃，居民带头人积极努力并充满理想，但是他们的工作兴趣会因为以下因素而降低：工作压力大，一些居民有过高期望；社区普通居民仍然不太支持社区的工作，也不愿意承担监督责任，只乐于享用更多的社区服务和设施。

1. 行动方针和主要任务

行动方针是成立或巩固居民组织，让社区工作系统化；社区工作者的任务是让居民支持社区居委会的工作。

2. 介入策略和工作方法

一是互助合作，用不同的策略服务于居民带头人和普通居民，帮助小组成员建立对小组的归属感；二是社区教育，继续培养居民带头人，并提高居民带头人的办事能力；三是行动竞争，用行动争取更多外来的资源。

3. 阶段性目标的实现

当社区居委会得到大部分居民的支持，社区小组的居民带头人能够系统化地组织工作，并得到辖区内相关单位的支持时，这一阶段的工作目标就实现了。

4. 注意事项

一是社区工作者要防止把注意力过分集中在少数居民带头人身上，忽略了多数普通的社区居民；二是不断提醒居民组织既要提供服务，又要考虑维持居民持续参与社区活动的问题。

（四）评估阶段

随着工作的推进，社区需要和问题发生了改变，居民参与的意识和观念得到提升，同时居民对社会工作者和居民组织的期望有所提高，社区工作进入评估阶段。

1. 主要任务

根据社区的变迁重新评估社区的需要和问题；社会工作者对专业工作过程进行总结，决定未来专业工作方向；社区居委会对工作进行经验总结，重新界定组织的方向，对未来发展做出安排。

2. 介入策略和工作方法

这一阶段的主要介入策略是策划和倡导。社会工作者要利用科学和客观的标准衡量社区居委会的独立办事能力，协助确定未来工作方向。在需要的时候，也可以邀请义务的专业人士做顾问，降低社会工作者对决策的影响。

3. 阶段性工作目标的实现

当社区工作者专业小组和社区居委会能够用客观方法总结以往的工作，并有系统地计划未来时，这一阶段的目标就实现了。

4. 注意事项

总结工作不能过分依赖感性或太注重数据统计；总结工作要着眼于未来方向，而不是走形式。

四、社区工作的常用技巧

（一）与居民接触的技巧

在社区工作中，社区居民是最有价值的资源，他们的社会意识提升和能力成长也是社区工作者最关注的。与居民接触需要掌握如下技巧。

1. 事先准备

接触社区居民是一个有意识的工作过程，根据接触居民的目标选择"合适"的接触对象；对于接触时间也要认真选择；事先要对所接触的居民的需要和问题有所认识，从对方的兴趣入手；要预估接触居民时他们的反应，保证接触时能以热诚的笑容和冷静的态度应对具体情景；对所接触居民居住的区域情况有所了解；等等。

2. 与社区居民的接触过程

在如何介绍自己、展开话题、维持对话、结束对话等方面都要做出精心的准备。

（二）会议技巧

召开居民会议是社区工作中最常用的工作方式，一个居民会议一般分为四个步骤：会议前，会议中，会议后，行动。

1. 会议前

会议前的主要工作是明确开会的目的，准备会议议程和会议所需的文件资料，邀请和确保会议关键人物出席会议，布置会场、设备准备和座位安排。会议正式开始前要提前半小时或10分钟到达场地检查设备，通知重要参会者出席会议，营造良好的会议气氛，会议应尽量准时开始，如果居民没有到齐，可将重要事项拖后讨论。

2. 会议中

会议中的主要工作是尽可能按照会议议程一项一项地讨论，对与会者的意见会议主持人不要急于自己回应，应将意见抛给大家回应、讨论，协助与会者多沟通意见，多回应其他人的意见，会议主持人要多做集中、归纳、摘要和总结工作，要保持客观、中立和公正的态度，仔细聆听参加者的讨论和意见，协助与会者做出决定，会议要有效率，时间不要拖得太长。会议主持人的音量要适当，语速不要太快，等等。

3. 会议后

会议后的主要工作是让所有与会者清楚会议的决定；着手立即要做的工作，把重要内容和决定告诉没有参加会议的人；尽快做好会议记录，分发给有关人员，以便工作的开展。

4. 行动

根据会议的决定，落实工作；如果有突发情况，要考虑召开紧急会议或征询意见；要及时将工作进展告诉居民。

（三）居民骨干培养技巧

社区工作最重要的不是社区工作者如何运用专业能力改善社区，而是如何鼓励社区居民积极参与，建立居民组织，培育居民骨干和挖掘人力资源。培养社区居民骨干的重点工作技巧如下：①鼓励参与。社区工作者应不断向居民骨干灌输"当家做主"的精神，协助他们建立自主和自立意识。②建立民主领导风格。社区工作者应积极培养居民骨干的民主意识，多组织居民会议，共同协商处理社区问题。③培训工作技巧。社区工作者一般通过训练、实习、示范、阅读文章、观看影像教材、亲身体验、观察、讨论和角色扮演来提升居民骨干的能力，社区工作者要帮助居民骨干从实践中学习和吸收知识与经验、培养总结和自省的习惯。④增强管理能力。社区工作者应强化居民骨干的权责分工意识，让他们认识到只有分工合作，才能做好社区工作。

案例

一、案例基本情况描述

平安里社区是一个新建的商品房社区，虽然居民已经入住一年半，但居民之间互相不了解，彼此之间交往很少。今年7月份，正值酷暑，家住21号楼301室70岁的李奶奶由于心脏病突发在家死亡后一个星期才被人发现。8月，9号楼25岁的林小姐在回家的路上，临近楼前，遭坏人抢劫，但邻居并未及时前去帮助。另外，小区的治安、环境状况也不容乐观。平安里社区的居民普遍缺乏社区归属感，觉得邻居之间彼此不熟悉、不能守望相助，希望社区的社会工作者能开展相应的工作，以便改善社区的情况。如果你是新到平安里社区工作的一名社会工作者，面对上述情况你将如何开展工作？

二、案例分析要点

从上述描述中，能够看出该社区的主要问题是社区居民彼此联系甚少，缺乏社区归属感，在开展工作过程中，要强调居民的参与和合作，注重培养社区居民的归属感和凝聚力，通过社区居民自助、自动，解决社区问题。具体可以从以下几方面入手开展工作。

①社区工作者走进社区，与社区居民接触。可以通过问卷及社区走访的形式，深入了解社区居民各方面的需求及社区存在的问题，然后有针对性地开展工作。

②加强社区居民活动场所及设施的建设，组织开展丰富多彩的文体活动，增强居民对社区的归属感和认同感。

充分挖掘社区资源，完善社区文体基础设施。例如在社区内安装全民健身设施，动员社区单位将老年活动室、文化活动中心、健身房向社区居民低偿或免费开放，利用俱乐部、影剧院开展社区文艺汇演、知识讲座、演讲会，同时，有重点地引导开展特色楼院活动。

开展形式多样、内容丰富的社区文体活动，吸引社区居民参与。例如组织居民参加全民健身运动会、社区文艺汇演、拔河、篮球、读书比赛等，从而增强社区居民的相互交流，营造温馨和谐的社区氛围。

③加强社区治安防范工作，形成社区治安有效的防控体系；召开社区治安议事会议，针对社区近期治安状况进行分析和商议。

形成社区治安有效的防控体系，即构建以社区民警、巡警为骨干，以专职联防员、保安员为辅助，以社区和所辖单位防范为基础，以可能影响社会治安的特殊人群、重点场所为重点，警民结合、专群结合的社会治安防控体系。例如，可以组建社区居民义务巡逻队，加强对巡逻队员治安防范的培训，充分调动居民群众自觉参与维护社区治安的积极性。

④建立社区居民自助互助体系。例如可组织建立社区邻里互助会，充分调动社区中的积极分子，通过协调社会力量和开展居民自助、互助活动，共同关注社区困难家庭，同时通过互助解决邻里纠纷和社区矛盾。

⑤关注社区中的特殊群体。例如社区中的老年人、残疾人、特殊家庭等，进行定期的走访，了解家庭情况，及时解决出现的一些问题。

⑥建设一支稳定的社区志愿者队伍，深入社区，为居民提供各种志愿服务。

第五节 社会工作行政

一、社会工作行政的含义、特征和功能

（一）社会工作行政的含义

社会工作行政是指政府的社会工作机构、社会的福利保障组织对社会福利工作进行行政管理，实施社会政策，满足人们各类福利需求的活动。其中心含义是制定、执行、实施社会政策，提高服务机构的工作效率及服务品质。

由于社会工作行政的主要内容涉及社会福利，故社会工作行政也可称为社会福利行政。由于社会工作行政的专业方法实施的范围很广泛，故社会工作行政有广义和狭义之分。广义的社会工作行政是指社会工作行政主管机关及其他行政机关，如卫生、教育、司法等对全体人民采取的一系列社会福利措施。狭义的社会工作行政是指政府的社会工作机构及社会团体对其辖区内的人民和社会事务进行的一系列社会福利方面的组织和管理活动。

关于社会工作行政的概念，由于各国社会工作行政的范围不同，学者们也有着不同的理解。基德内认为，社会工作行政是一个双向过程，既是把社会政策转化为社会服务的过程，又是运用所得的经验修改社会政策的过程。这是一种具有代表性的定义，这一定义侧重于政策分析、策划、制定和实施。斯宾塞认为，社会工作行政是促成社区资源（人力和财力）转化为社区服务的过程。这个使资源转化为服务的过程，涉及委员会（或立法团）、行政官员、工作人员、志愿人员或赞助者不同程度的积极参与。社会工作行政涉及重大计划制订与目标形成，且不仅仅依据外部机构提供的计划去进行管理和运用资源。这一定义侧重于社会服务机构的内部管理。崔克尔认为，社会工作行政是一个连续的行动过程，这一过程的运作是为达到共同的目的，发掘并运用人力和物力资源，实现共同目标，以协助与合作的方法获得各种资源。在这个定义里，包括了设计、组织和领导等行政管理的要素。

（二）社会工作行政的特征

社会工作行政的特征大致可分为两大类：一类特征使社会工作行政与社会管理、公共行政相区别，另一类特征揭示了社会工作行政执行过程的层次性。社会工作行政的特征可归纳如下。

1. 社会工作行政服务范围的有限性

社会工作行政服务的范围相对于社会管理、公共行政要窄一些，它仅仅涉及社会上遇到社会问题的弱势群体。而社会管理是针对整个社会系统的运行进行协调和管理。公共行

政则涉及社会生活的公共领域，如公共安全、交通、教育，目的是使全体公民享受上述领域的服务以正常地生活和工作。

2. 社会工作行政服务职能的非营利性

由于社会工作行政的内容多涉及社会福利，社会工作行政比社会管理和公共行政更具服务色彩，其宗旨在于最大限度、最为合理地使国家社会政策在社会弱势群体身上得到贯彻、落实。因而，其服务行为不存在赢利的目的。不过，非营利性并不意味着非经营性或无偿服务。社会福利服务同样应该是一种经营活动。社会福利机构的资金运作越成功，机构的经济实力越强，机构服务的受益人群就越多。因此，非营利性的关键是看机构将资金做什么用以及怎样用。

3. 社会工作行政服务手段的专业性

社会工作行政责任的执行者是社会福利行政机关及其他社会工作机构，机构的管理层面的工作人员多具有社会工作者的特征。社会工作行政也和社会管理、公共行政有所区别，尤其是在具体实施福利服务时，更具有社会工作专业化的特点。社会工作的专门化和职业化由以下四个方面的因素构成：有专门的社会工作团体及下属从事各类福利服务的机构；有公认的职业守则和保证守则以及被执行的审核和证照制度；有专门从事社会工作教育的院校和实用的系列训练课程；有保证工作顺利进行的工作程序和必要的职业权利保障。

4. 社会工作行政服务实施的层次性

社会工作行政过程，就是将社会政策转变为社会服务的过程。社会政策具有层次性，由政府制定的涵盖面大而笼统的社会政策，可称为宏观政策。由某一基层政府和社会团体制定的，用以协调内部利益关系，指导其成员活动的社会政策，可称为微观政策。社会政策层次上的差异性造成了社会工作行政的层次性。宏观社会工作行政表现为一种政府的职责行为，微观社会工作行政表现为社会福利机构的管理活动。因此，从政府部门到具体实施福利服务的机构和单位，构成了一个社会福利行政的层次序列。从宏观到微观，社会工作行政的内容逐渐具体化。

（三）社会工作行政的功能

从人们对社会工作行政的界定中，可以看到社会工作行政的功能包括以下几个方面。

1. 实施社会政策

社会政策是国家或机构根据社会进步的要求，为解决社会问题、增进民众福利而制定的一系列原则和措施。这些原则和措施的实施和落实，必须依赖于社会工作行政。社会工作行政在将社会政策转变为具体的福利活动的过程中，发挥着重要的规划和实施功能。其中包括解释社会政策，策划社会政策落实的具体方案，推动方案的实施，提供优质的专业服务。

2. 进行有效管理

要将社会政策转化为社会服务，必须对社会工作机构的服务活动进行有效管理。社会工作行政对直接社会服务的活动具有组织、管理、协调和控制的功能，目的在于合理配置各种社会资源，督促社会服务进程，提高服务效率。

3. 总结经验，修订政策

社会政策的制定，应依据实际情况的需要，但是由于政策制定者对实际情况的了解不够，对政策的理解不准确，或政策本身在执行过程中难以贯彻实施，使社会政策和实际情况产生偏离。社会工作行政人员在执行政策的过程中，对社会服务实际情况有深入的了解，他们具备了评价社会政策合理性与可行性的能力。因此，社会工作行政具有合理调整社会政策的功能。

二、社会工作行政实施

（一）社会工作行政实施概述

1. 社会工作行政实施的含义和作用

社会工作行政实施是指社会工作行政机构为贯彻、执行国家制定的社会福利政策所进行的全部行政活动及整个过程。社会工作行政实施在行政管理中起着非常重要的作用。

①社会工作行政实施是行政管理中的一个重要环节。
②社会工作行政实施是决策目标的实践检验过程。
③社会工作行政实施是评估、判断社会工作行政管理工作的客观依据。

2. 社会工作行政实施的影响因素

①社会工作行政实施主体方面的影响因素有：机构本身的组织体制与管理结构是否有利于社会工作行政实施；机构领导的权力基础、专业素质、领导艺术、工作经验等对社会工作行政实施起着关键的作用；机构工作人员的敬业精神、工作态度、工作能力、技术水平、人格特质等对社会工作行政实施也有影响作用。
②社会工作行政实施客体方面的影响因素有：求助者的文化程度、知识水平、政策水平、心理承受能力等，这些因素也会影响社会工作行政的实施。
③社会工作服务范围与服务性质方面的影响因素。
④社会环境方面的影响因素。

（二）社会工作行政实施的步骤

社会工作行政实施同其他行政活动实施一样，需要通过一定的步骤，采取一定的行政措施和方法来达成目标。社会工作行政实施可以通过以下步骤来完成。

1. 明确社会工作行政的目标

目标是期待达到的工作状态或预期实现的指标。社会工作行政的目标就是通过社会工作活动来达成社会工作指标，如失足青少年的就业率、残疾人的康复率和再就业率、救助贫困人口的生活水平指数等，它是评估社会工作的依据。

社会工作行政的目标应具有层次性，如有总目标和子目标，前者主要指的是社会工作行政在社会服务福利方面的一些整体的规划与设计，后者则是对总目标进一步的细化。子目标可以分为冲击性目标、过程性目标和后勤性目标。冲击性目标又称功能性目标，主要是指机构所确定的对服务对象产生积极影响的因素和改变服务对象；过程性目标主要是提供一些优良的服务以实现冲击性目标所期望产生的影响；而后勤性目标则是为服务方案目标的实现提供支援性的服务。三个目标之间是密切关联的，冲击性目标如果能够实现，就需要制定具体明确的过程性目标，若过程性目标能够顺利实现，则必须制定可行的后勤性目标。由此可见，在三种子目标中，冲击性目标作为机构较高层次的目标，是过程性目标和后勤性目标制定的基础和依据。

2. 制订实施方案

社会工作行政目标的实现需要一个过程，实施方案的制订也需要结合实际情况制订长期计划和短期计划、年度计划和月计划等。同时，制订实施方案需要根据本地区的人力、物力、财力状况等进行具体分工和部署，以便使社会工作行政目标得以细化，在方案实施过程中体现出决策的价值性。一份完整的社会工作行政方案需要包括目标、机构、人、财、物、步骤、时间等要素。

3. 组织实施

实施是将社会工作行政的计划落到实处的组织活动，包括制定政策，明确组织成员的工作任务和职责，筹备人、财、物等社会资源。社会工作行政实施要以社会政策为依据，在政策法规允许的范围内进行创造性的工作，其组织实施一般要联合行动才能取得最大的社会效益。例如，一些收容机构需要在民政部门、卫生部门、公安部门等联合行动下才能有效开展。

社会工作行政实施方法一般有政策宣传、表扬、批评、奖罚、思想沟通等。

4. 检查协调

在社会工作行政实施过程中，总会出现各种不平衡的情况，需要进行更正，协调各方行动，使有限的人、财、物发挥最大的效用。检查时及时发现一些不平衡的情况，可以将其与评比结合起来，起到督促、激励的作用。协调则主要是针对不平衡问题采取补救措施，比如工作方案与社会需求之间出现不相适应时应及时进行协调。检查协调工作的展开可以通过随机抽样调查、现场评比、达标考核等方式，协调包括组织内部成员之间、组织与其他组织之间、组织与社会成员之间的冲突。协调需要遵守目标一致、权责明确、综合平衡的原则。

5. 评估反馈

社会工作组织的方案运行一段时间之后或者达成短期目标之后,要进行阶段性或全程总结性评估,扬长补短,总结经验,找出不足之处,提出今后需要改进的措施和方法。对于检查评估的结果,可以形成文字在网络或者其他媒体上公布,接受社会的监督和建议;也可以形成档案式的文件在行政系统内部传阅,以后遇到类似的问题可以借鉴;最主要的是要将详细的评估报告交给决策部门,以便决策部门根据当前的形势对决策的内容和手段进行调整。评估反馈一般采取实地观察法、调查取证法、统计报表等方法。

(三) 社会工作行政实施的环节

社会工作行政实施的步骤大致可分为两个阶段,即实施前的准备阶段和实质性的工作阶段。实质性的工作阶段是指具体实施阶段,具体实施阶段是由管理工作的若干功能性环节所组成的,这些环节主要包括指挥、沟通、协调、控制等。

1. 社会工作行政指挥

社会工作行政指挥是指领导者为完成任务,指挥、协调下属实施活动的过程,其宗旨是落实决策规定。指挥在社会工作行政实施中十分重要:第一,高度统一有权威的指挥,可以将多样复杂的社会工作行政实施活动有机地组织起来,使其持续有序地沿着决策目标推进。第二,在社会福利制度、政策及其实施计划已经确立的情况下,只有通过行政指挥,才能将行政管理从静态推向动态,从理论变为行动。所以,指挥可以看作是行政实施的发动机,它可以使社会工作行政管理沿着既定的方向和轨道前进。第三,领导核心坚强有力的统一指挥,可以有效利用和调动各种资源,特别是社会福利,它不仅要靠政府投入,还要依靠民间资源,这些资源的筹措和使用,离不开有效的指挥。此外,对人力资源的开发、激发和使用,也有赖于行政指挥的领导、权威的运用和领导艺术的发挥。

社会工作行政指挥的核心要素是指挥者,行政指挥者要想成为最优秀的指挥者,必须具备一定的条件:根本条件是要有足够的权威基础;还要具备运用权威的能力。从纯粹的指挥形式来看,指挥的方式可分为:口头指挥;书面指挥;会议指挥。

2. 社会工作行政沟通

社会工作行政沟通就是指社会工作行政体系中,社会工作机构内的成员之间、社会工作机构之间或社会工作机构与各有关方面之间所进行的信息上的传递交流与联系。社会工作行政沟通的作用在于:第一,有利于社会工作行政目标的确定;第二,有利于社会工作行政的实施,一方面靠行政指挥者的有力领导,另一方面靠社会各界对机构的决策目标有充分的理解;第三,有利于社会工作行政实施的效果评估。

社会工作行政的沟通类型可划分为正式沟通和非正式沟通。正式沟通是指按照组织明文规定的原则、方式进行的信息传递与交流，其优点在于沟通效果比较好，并且具有一定的连续性和稳定性，缺点在于沟通速度较慢，且缺乏一定的灵活性。正式沟通又可分为上行沟通、下行沟通和平行沟通。非正式沟通是指正式途径以外的不受组织层级机构限制的沟通方式，大多以行政人员的交往关系为基础，具有自愿性质，其效力有时甚至超过正式沟通。

3. 社会工作行政协调

社会工作行政协调是指社会工作行政管理过程中的协调，是社会工作行政主体为了有效地实现特定社会工作行政目标而引导社会工作机构、部门、人员之间建立良好的协作与配合关系，以实现共同目标的行为。社会工作行政协调的功能具体表现为：第一，对社会工作机构的各种需要进行统筹安排和合理配置，并使社会工作行政运行的各环节相互衔接、相互配合，减少误解，避免摩擦、冲突与工作重复；第二，为机构内部创造一个相互尊重、平等待人、互助互利、诚实守信、团结协作的温暖和谐的人事环境；第三，通过加强政府相关部门的联系，维持与服务对象的工作关系，建立与社区的良好关系，从而扩大机构在整个社会的影响，使社会工作行政过程能为外界群众所了解、关心、支持，为机构发展创造良好的外界环境；第四，使有关规章制度相互配套，协调好各项政策、计划、法规，使其互不抵触，使社会工作机构对重大社会政策的实施、执行都有合法程序；第五，减少部门在人力、物力、财力和时间上的浪费，降低行政成本，提高行政效率。

社会工作行政协调要遵循一定的原则，主要包括：坚持社会福利制度的根本目的，尽量将社会工作行政实施计划考虑周全，用整体发展的眼光对各项社会工作行政活动之间的互动关系有所预见，以免协调解决某一问题，又引发新的问题。授予参与协调的人员以适当的权限，保持沟通渠道的畅通，追求组织内外关系的动态平衡。社会工作行政协调的主要方法可分为组织协调和公共关系协调，协调的具体操作形式有会议协调、信息协调、谈话协调和网络协调。

4. 社会工作行政控制

社会工作行政控制是指社会工作机构在动态变化环境中，为确保实现既定目标而进行的检查、监督、纠偏等管理活动。行政控制的过程一般包括确定标准、评估成效、纠正偏差三个步骤。

社会工作行政控制的种类大致分为两类，即过程控制和冲突控制。过程控制是按照机构制订的服务计划对机构现在提供的服务，包括工作进度和效果进行综合监控，其目的是实现机构运行的总体协调，确保机构的各项行政管理职能得以顺利完成。冲突控制是指对机构中的不同部门、成员之间可能发生的冲突进行有效控制，尽力避免和缓解冲突，防止机构资源的浪费和工作环境的恶化。整个行政控制活动必须坚持系统、客观、适时、灵活、经济的原则，具体控制手段的选择则需要根据每个社会工作机构与管理者的情况而定。

三、社会工作行政绩效评估

社会工作行政绩效评估是指根据一定的标准对社会工作行政效率进行评价和测量，评估社会工作行政管理活动的各个环节在实现社会工作行政目标方面的作用，从而确定社会工作行政管理系统的好坏优劣，并以此为依据对社会工作行政管理系统加以改革。

（一）社会工作行政绩效评估的作用

社会工作行政绩效评估的作用，从宏观的角度看包含以下几点。

1. 社会工作行政绩效评估有助于社会福利管理体制的转变

社会工作行政绩效评估是社会福利体制改革的一项迫切要求，也是政府社会福利职权分化的一项技术保证，只有在社会工作行政绩效评估的基础上，传统的社会工作行政管理模式才能从过去的不衡量效果而导致无效果，转变为注重效果、按效果拨款，使社会福利制度和政策在经济和社会两方面都具有高效益，使社会福利行政具有高效率。

2. 社会工作行政绩效评估有助于政府行政管理绩效的提高

现代政府行政管理要取得效果，就必须对已经产生的结果进行测量，如果无法测定当前的绩效成果，也就不能确定今后的绩效改善的目标和措施。现代政府行政管理越来越追求管理的精确性、科学性、合理性。因此，科学的绩效评估对政府社会工作行政管理能力的提升具有重要的作用。

3. 社会工作行政绩效评估能加强政府与民众之间的沟通，赢得民众对社会的信任与支持

通过社会工作行政绩效的评估，有助于广大人民群众了解、监督、参与政府及各类社会服务机构的工作。一方面，符合现代政府行政管理改革的一种趋势，即信息公开，增强政府社会工作行政管理的民主性；另一方面，有助于加强政府与民间的沟通，使民众了解政府社会服务能力的绩效情况，增强对政府的信任、理解和支持。

社会工作行政绩效评估的作用，从微观的角度看包含以下几点。

①有助于社会工作机构做出正确的行政决策，尤其是在资源配置、员工培训模式、服务方案的确定与取消等方面做出明智的选择，从而提高机构的组织效率。

②有助于机构改善服务的品质，通过评估机构可以发现现行服务的效果与机构服务计划以及公众的服务需求之间的差距，从而找到改善机构服务品质的切入点。

③有助于机构获得政府及资助团体的进一步的财政支持。绩效评估可以证实机构服务的效率、效益与效能。

④有助于机构员工个人绩效的提高。

（二）社会工作行政绩效评估的主要类别

社会工作行政绩效评估的类型有很多，总体上可分为社会工作行政绩效的社会性评价和技术性评价两大类。下面主要介绍社会工作机构服务方案评估的几种类型，萨奇曼将它分为四种类型。

1. 努力评估

即评估机构为实现服务方案目标所做的服务活动及其质量。具体包括：服务方案是否能按照计划的要求进行，其实现程度如何？具体的服务工作模式是否适当，受助人是否获得了适当的帮助？员工绩效与服务标准是否吻合？服务活动投入的时间有多少？以此考察方案执行的努力程度。

2. 成果评估

即评估机构服务所产生的成果。具体包括：服务方案成果评估和求助者成果评估。服务方案成果评估又可分为目标模式、不受目标约束模式、体系模式、折中模式四种模式。求助者成果评估可分为个别求助者成果测量、标准化成果测量、接受服务的消费者满意程度调查三种形式。

3. 效率评估

即评估实现方案目标与所需的资源成本之间的比例。具体包括：成本—利益分析，成本—效能分析。这种方法的好处在于可以对同一问题的不同服务方案加以比较，缺点在于不能对那些具有不同目标的服务方案加以评估。

4. 影响评估

即研究服务方案的效果对整个社区所产生的影响，服务方案可能产生的那种非预期的政治的、社会的影响，非预期性的直接或间接的影响。

第五章　社会工作实践

第一节　老年社会工作

一、老年社会工作的含义

老年社会工作，即社会工作者在专业的价值理念指导下，充分运用社会工作的理论和方法，为在生活中处于各种困境的老人解决问题、摆脱困境并推动老年人获得进一步发展的专业服务活动。广义的老年社会工作也称为老年人服务、老年人福利，泛指社会上一切有利于提高老年人生活质量的社会服务活动。

二、老年社会工作的内容

老年社会工作的内容在不同国家、不同时期有着不同的表现形式。可以说，凡是协助老年人解决问题、满足其需要，促进其身心健康发展的服务活动都可纳入老年社会工作的范畴。具体地说，老年社会工作主要包括以下内容。

（一）老年社会救助

老年社会救助主要指为困难老年人提供经济上的援助，以保障他们的基本生活，也称为经济供养。老年社会救助的对象通常是无经济收入、处于低收入阶层的老年人，以及由于疾病、意外事故等原因陷入生活困境而需要救助且自身无力自我救助的老年人。随着年龄的增加，老年人活动能力及经济能力逐渐丧失。老年社会工作者需要关心处于经济困难中的老年人，通过各种途径为老年人申请、帮助他们及时获取有关经济或物质救助，使老年人顺利度过困难时期。

（二）老年生活照料服务

老年生活照料服务主要指为老年人，特别是生活自理困难的老年人提供各种日常生活的帮助与照料，以帮助老年人解决和克服生活中的困难。对于无子女或由于种种原因无法得到子女照顾的老年人，可以采取机构集中照料和社区照料两种方式。机构照料是在一定的专门机构为老年人提供护理、食宿、生活服务的照料；而社区照料是将那些需要照料的老年人留在自己家中或是安排到社区的机构中，由社区或志愿人员对他们的生活给予适当照顾。

（三）老年人家庭关系处理

在我国，多数老年人都比较重视与子女的关系，年老时都希望接受子女的照料。但是由于两代人的生活方式、价值观念、兴趣爱好等方面存在着一定的差异，容易引发家庭矛盾，从而影响老年人的生活质量。因此，协助老年人处理好与子女的关系，促进老年人与子女间的相互理解与尊重，并调适老年夫妻间的一些摩擦与冲突，以改善老年人的生活环境，发挥家庭的正常功能，也是老年社会工作的重要内容之一。

（四）老年人心理服务

老年人在面对逐渐衰退的身体机能、退休以后的生活变化以及随之而来的经济收入减少与社会地位下降、丧偶、患病、家庭变故、亲朋好友生离死别等生活事件时，很容易产生孤独、寂寞、忧郁等情绪，从而引发心理问题。因此，针对老年人的心理不适，需要社会工作者辅导老年人进行自我心理调适，以缓解其内心的压力，使其对生活保持一种健康的心态。

（五）老年人社会参与和社会融合

丰富老年人精神生活是老年工作的一项重要内容。主要是指为老年人提供各种文体娱乐活动服务，鼓励老年人走出家庭，增加老年人之间的社会交往，使其寻找自己的生活乐趣，以丰富老年人的日常生活，使老年人老有所乐、老有所为，从而以愉悦的心情安度晚年。

近年来，许多老年人退休后都有再就业的想法。一些年龄低、身体健康、高学历，尤其是高科技领域的老年人继续留在各行业中发挥作用，对社会也是极其有利的。同时，老年人在参与社会、服务他人的过程中，也能获得自尊与价值感。目前，老年就业服务已是老年社会工作不可或缺的一项内容。

（六）协助老年人面对死亡议题

死亡是老年群体面临的一个主要问题，协助老年人面对死亡是老年社会工作的重要内容。无论是对服务对象还是社会工作者本人来说，面对死亡都是一个棘手的问题，也是人们无法回避的话题。正因为如此，在临终关怀服务中协助案主认识死亡、接受死亡是极具挑战性的一个工作。相比而言，老年人比年轻人更能接纳、适应人之将死的想法，但这并不意味着他们可以坦然地接受死亡。老年病人不仅要与疾病对抗，还得面对疾病带来的孤寂与恐惧，这就需要专业人员特别是社会工作者的帮助。

有些老年人面对死亡时没有明显的忧伤情绪，但是他们会消极地加速死亡，期望尽快结束生命以解除病痛的折磨及家人的生活负担。社会工作者应借由谈话与他们建立重要的支持关系，协助老年人接受"死亡与老化不仅是寿命的一部分而且也是生命的表现"这一事实，协助老年人接受"活得有尊严也要死得有尊严"这一理念。社会工作者在接案后，除协助老年人面临死亡外，还要帮助案主处理如下事宜：尽量协助老年人完成未了心愿，让他们做年轻时想做但一直没时间去完成的事务，当然这些事务都是正向、建设性的；妥善处理财产，避免不必要的遗产纠纷；计划自己的葬礼。事实上，临终关怀的内容不仅仅是为临终老人提供服务，还需要为其家属提供丧亲辅导，为他们提供情感支持，帮助他们应对一些危机事件。

临终关怀体现了社会工作以人为本的价值理念，可以协助老年人坦然面对死亡，协助他们尊重生命的意义和价值、有尊严地告别人生。同时，临终关怀使临终者家属获得了帮助，缓解了心理和精神压力，使他们能顺利度过临终者患病期和丧亲期，尽快调节身心，开始新的生活。在老年社会工作服务中，社会工作者如何以老年人的视角审视死亡等老年生活议题，是极有社会意义和道德价值的助人自助工作。

三、老年社会工作的方法

（一）老年个案工作方法

老年个案工作是个案工作在老年服务领域的运用。老年个案工作就是指社会工作者在专业价值观的指导下，运用专业知识与技巧，针对老年人的特殊情况及需求，为其个人及家庭提供物质或情感方面的帮助和支持，以恢复其社会功能，提升其社会适应能力，减轻压力、解决问题并达到良好的福利状态的服务活动。

老年群体有着与其他群体不同的身心特点，因此老年个案服务中除了要遵循个案工作的一般方法与原则外，还有其特殊的要求。老年社会工作者首先要在观念上接纳、尊重老年人，肯定他们的价值，不能视他们为家庭与社会的负担。老年社会工作者在与老年人交谈过程中要有耐心，认真倾听他们的问题，对于他们取得的任何一点改变都应给予及时的鼓励、称赞，以促进他们自信心的形成。另外，老年个案工作还有其独特的辅助技巧。

1. 生命回顾

生命回顾，又称生命历史法，是指通过生动缅怀过去一生成功和失败的经历，让老年人重建完整的自我，其焦点在于自我概念的创意性发展。回忆是其主要过程，而生命回顾是有意识地、选择性地记起往日事件。

生命回顾有利于人们以理性态度审视过去经验，寻找自己生命的意义，透视生命的本质，可帮助老年人了解生命、老化及重建自我概念。生命回顾包括唤醒过去经验中不堪回首的部分，特别是未解决的冲突、悲伤，期待再一次的审视能以更宽广的角度诠释生命事件，而对旧创赋予新意义，与昔日的自我重修旧好。因此，生命回顾的重点并非事件本身，而是当事人回顾时能否持开放、和谐、接纳自我的态度，正视生命中的阴影，拥有走出阴影的力量，进而统整并接纳自己的生命历程。因此，生命回顾旨在通过回顾获得领悟，使老年人摆脱过去的阴影，对现实生活更满意。当案主回顾过去时，工作者应该重点关注老年人在诉说经历时的感受，尤其注意他们所流露的情绪，对于那些被抑压的感受应该帮助他们抒发出来。

生命回顾已被成功地运用于老年人抑郁症的治疗中。当今老年精神疾病中抑郁症发病率最高，而抑郁症最典型的症状就是对生活失去兴趣并伴有轻生念头，通过生命的回顾，可以减轻老年人自责内疚的焦虑心理、重塑自我，使其找回生命的意义。

2. 怀旧

老年人喜欢怀旧，如何运用这一特性更好地为老年人服务，一直是老年社会工作者极其关注的问题。在个案工作中，怀旧技巧的运用为老年社会工作者提供了了解老年人过去的生活，以及分析老年人生活意义和连续性的重要线索，因此成为许多个案工作开展的重要方法。但是，除了将怀旧作为资料搜集和分析的重要途径外，在一些案例中还可以把它当作主要的治疗技巧。

怀旧是指让老年人回顾过往生活中最重要、最难忘的时刻，在回顾中可以让他们重新认识自己，重构与他人的关系，并且通过自我塑造使得自己的生活和自我感觉保持一致，重新体验快乐、成就、尊严等多种有利于身心健康的情绪，找回自己的自尊和荣耀。怀旧与生命回顾不同，怀旧是指回顾生命中最重要的时刻和事件，而后者是对整个人生的回顾。生命回顾更加系统，更能让老年人面对自己的人生困境。

3. 验证疗法

老年痴呆是一种慢性精神衰退性疾病，主要表现为渐进性的记忆力减退、智力功能缺损，对日常生活失去判断力。随着人口老龄化的进程加快，老年性痴呆将成为21世纪人类社会的流行病。根据有关统计资料，老年性痴呆的患病率随年龄的增长，发病率随之增加。老年性痴呆症已是继心脑血管疾病和肿瘤之后威胁人类健康的第三大杀手。因此，及早识别并采取相应的康复指导，对于提高老年人的生存质量意义重大。

验证疗法是20世纪60年代由老年社会工作者内奥米·费尔发展出的与痴呆症老年人沟通的一种方法。验证疗法基于如下的假设：痴呆症患者的所有行为都受其需求的驱动。换句话说，痴呆症老年人的所有行为都是自己需求的一种表达，也是与照顾者及他人的一种沟通。验证疗法认为，即使这些老年人的言行很不符合现实逻辑，也不要尝试改变他们的时间和空间概念，而是应尊重他们的感知世界，并运用其所感知的现实，了解他们的真实表达。验证疗法是基于痴呆症老年人所处的现实世界，保持与他们的沟通，而不是企图去改变他们的认知。相关研究表明，验证疗法对改善痴呆症老年人的行为和情感状态有一定的效果，但其疗效还有待进一步验证。

（二）老年小组工作方法

老年小组工作是指将老年人组织到某种活动小组中，通过成员间的交流互动及社会工作者的协助，帮助老年人建立互助网络，使老年人摆脱孤独、克服困境，获得愉悦的心情和充实的老年生活。老年阶段常常经历人际关系、社会与家庭地位的丧失，绝大多数老年人都有被人关注、与人交往的愿望，社会隔离因此成为小组工作讨论的主要议题之一。考虑到老年人的身心特点，社会工作者在开展小组工作时应注意以下问题。

①小组工作中，社会工作者应尽量调动老年人参加小组活动的积极性，但个别不愿意参加活动的老年人则应尊重他们的选择。

②小组目标以排除焦虑、解决紧迫问题为主，强调老年人心理健康状况的改善而非人格的改变。

③社会工作者要耐心、细致、周到，要尽可能考虑每位老年人的特殊需要，须以支持、鼓励和同理心来处理老年人的特有问题。

④小组活动或游戏的设计要考虑老年人的接受能力，应简单易学，社会工作者的语言表达也应通俗易懂，以保证老年人参加活动的自信心与积极性。

⑤小组成员选择要得当，数量不宜太多。社会工作者在组建小组时应考虑老年人的生活背景，一般来说，应把受教育程度大致相当、身体活动能力区别不大的老年人组成一个小组。老年人多有生理或感官的疾病，社会工作者需及时评估成员的能力。

⑥社会工作者要不失时机地赞赏老年人的表现，对于个别以自我为中心的成员也应加以引导、规范，以保证小组目标顺利实现。

（三）老年社区工作方法

老年社区工作是指社会工作者通过运用各种工作方法，改善老年人与社区的关系，提高老年人的自助、互助能力，促进老年人的社区参与，并通过老年人的集体参与来提高其生活质量的一种服务活动与服务过程。如何促进社区老年居民积极参与社区事务和社区建设，切实组织老年人自助和互助，积极开展各种老年服务与老年人文化娱乐活动，以提高老年人的生活质量，是老年社区工作的核心所在。老年人是社区内的一个重要群体，随着老龄化高潮的到来，老年人所占的人口比例将会越来越大，社区事务与老年人生活息息相关，他们有权利、有义务，也有能力参与、关心社区事务。由此可见，老年社区工作不仅在于为老年人争取权益、改善他们的生活质量，还可以增强老年人社区参与意识，减轻他们的社会隔离感，体现老年人的价值。同时，老年人积极参与社区事务，也是改善社区环境的重要途径。

在老年社区工作开展过程中，社会工作者应强调以下几点：一是老年人问题社区化。即让老年人明白他们的处境并不是他一个人所遇到的，而是同一社区多数老年人都会面对的问题，这样可以减轻老年人的孤独无助感，也有利于老年人参与问题的解决。二是老年问题权益化。在老年人服务中，社会工作者应注重老年人权益意识的提升及能力的培养，应让他们明白老年人所遇到的一些问题是由于社会政策的不完善或执行不力所致，同时积极协助老年人争取自身的权益。三是老年人问题群众化。老年人问题与社区中每个家庭的利益都息息相关，老年人问题的解决需要整个社区群众的积极参与和大力支持。

第二节　儿童社会工作

一、儿童社会工作的含义

儿童社会工作，是社会工作的一个实务领域和范畴。儿童社会工作是指根据儿童的生理、心理特点及其成长、发展的需要，在有关理论的指导下，运用社会工作的专业知识、方法与技巧，为改善和提高儿童福祉而开展的助人活动。

从历史和现实实践发展来看，儿童社会工作有狭义和广义之分。狭义的儿童社会工作是一种事后补救性的工作，并将特定儿童作为服务对象。这些特定儿童包括生理、心理、智能、情绪或适应生活方面遭遇特殊困难、存在特别需要的儿童，如孤儿、残疾儿童、流浪儿、被遗弃的儿童、被虐待或被忽视的儿童、家庭破碎的儿童、行为偏差或有情绪障碍的儿童。这些特定的儿童往往需要特别的救助、保护、矫治，以解决其面临的各种问题。狭义的儿童社会工作正是以这些特殊的儿童为服务对象，以满足他们某些方面的需要为目的。相对于广义的儿童社会工作而言，狭义的儿童社会工作是儿童社会工作的早期服务模式。

广义的儿童社会工作服务对象是儿童整体，是社会福利的组成部分，包括国家、地方政府根据儿童发展的普遍特点，致力于促进儿童在生理、心理、社会各方面健康成长所采取的一切措施。其内容涵盖了文教、卫生、医疗、保健、体育、娱乐、社区、家庭保障、儿童权益保护等各领域。正如联合国在1959年发表的《儿童权利宣言》中所说："凡是以促进儿童身心健全发展与正常生活为目的的各种努力、事业及制度等均称为儿童福利。"广义的儿童社会工作是一种积极的社会工作，随着社会的发展，广义的儿童社会工作已经成为儿童工作的一种发展趋势。

二、儿童社会工作的内容

作为以儿童为服务对象的社会工作实务领域，儿童社会工作为儿童提供的服务既包括物质上的援助，也包括精神上的支持。根据服务对象进行划分，可以将儿童社会工作内容分为一般儿童社会工作和特殊儿童社会工作。

（一）一般儿童社会工作

一般儿童社会工作的服务对象是全体儿童，其又称为宏观儿童社会工作。关于儿童的一切行动，不论公私社会福利机构、法院、政府机构或立法机构，均应以儿童的最大利益为其工作的出发点。围绕使儿童获得最大权益，社会工作者应采用专业工作方法重点开展以下几方面的工作。

①促进有关儿童福利的立法。社会工作者在自己的专业服务中极易发现儿童社会福利方面存在的问题，并可以根据其实践经验提出解决问题的对策，制订计划和方案。因此，社会工作者可以在国家立法或地区、部门的政策制定中起到促进和倡导作用，为改善儿童福利状况提供相应保障。

②促进儿童身心健康发展。在儿童服务中，社会工作者应根据儿童的不同发展阶段，动员和辅导家庭、学校等有关社会力量以恰当的方式保护儿童，防止儿童受到任何形式的身心摧残、伤害或凌辱、忽视、照料不周或虐待，并做好儿童营养、卫生保健等方面的工作，以提高儿童的健康水平。同时根据儿童心理发展状况，改善儿童成长、发展的心理环境，排除引起儿童心理紧张和心理问题的因素，预防各类心理问题的产生，并应注意开展心理问题早期治疗工作。

社会工作者也可利用各种游戏和娱乐活动，为儿童创造一个宽松愉快的学习和成长环境，使儿童在游戏中实现自然过渡。游戏和娱乐是儿童生活的一部分，也是儿童教育的一部分。恰当的游戏与娱乐活动可以锻炼儿童的身体，促使儿童的身心健康发展。儿童可以在游戏与娱乐中学会与他人融洽相处，提高想象力与创造力，并可培养良好的生活习惯。

③促进和提高家庭对儿童的保护。家庭是儿童生活的起点，是儿童成长的基础和步入社会的桥梁，是儿童社会属性及其个人理想得以形成的基点和最根本的条件。社会工作者在开展儿童工作时，应加强与家庭的配合，使儿童社会工作更具实效性与艺术性。对此，工作者应做好以下两方面的工作：一方面通过改善亲子关系等途径，为儿童的健康成长与发展提供轻松愉快的家庭环境，并积极维护儿童在家庭中的各项权益；另一方面帮助和指导问题儿童及其家庭，共同努力纠正儿童的各种偏差。

④保护儿童的各项权益。儿童权益保护是儿童工作的重要内容之一，社会工作者在实际工作中要通过具体手段切实保护儿童的各项权利和利益，防止、制止侵害儿童的合法权益行为的发生，并对已被侵害的儿童权益给以救助和恢复。根据我国的现状，在保护儿童权益的工作中，最广泛和最迫切的问题是保护儿童的受教育权。社会工作者一方面要做广泛的宣传动员，使每一个家庭都能自觉维护儿童的受教育权利；另一方面，帮助那些确实存在困难的家庭获得社会资源，以切实保障儿童的受教育权利。另外，可根据有关法律法规，保护儿童受教育权免受家庭以外的，如学校、文化教育等机构的侵害。

（二）特殊儿童社会工作

特殊儿童社会工作，又称为微观儿童社会工作，以特定儿童为服务对象，其面临的主要任务是帮助这些儿童顺利发展、健康成长。特殊儿童社会工作主要包括以下几个方面。

①贫困儿童社会工作。对贫困家庭的儿童实施社会救助是较常见的一种儿童社会工作。

对于贫困儿童，社会工作者可依据当地相关政策帮助他们申请各种援助，如最低生活保障线的救助、助学基金或动员、组织各类帮贫活动，从而满足贫困儿童的基本生存需求，保障贫困儿童的各项基本权利。

②单亲家庭儿童社会工作。无论是父母离异还是丧亡，都将对儿童幼小的心灵造成创伤，单亲家庭也容易出现贫困或儿童教育等问题。社会工作者可根据这些特殊情况，给予针对性的辅导和帮助，并能及时地寻找和提供合乎具体需要的服务和资源。必要时帮助其申请经济援助，组织志愿者为单亲家庭提供各种帮助，确保单亲家庭对子女抚育、教育。帮助建立单亲家庭俱乐部，成立一些小组，举办恰当的趣味性活动，从而提升家庭功能，为儿童成长创造良好的家庭氛围，实现这类家庭的自助自立。

③残疾儿童社会工作。残疾儿童分为肢残和智残两大类。对于残疾儿童要根据他们的残疾特点，通过身体训练和医疗手段，最大限度地帮助他们进行生理康复。必要时帮助他们寻找各类合适的医疗资源及寻求经济援助。同时，通过举办特殊学校或随校设立特殊班或随班就读等方式，使残疾儿童接受正常的教育，并应尽可能使其掌握一技之长。另外，工作者还要通过多种形式增强残疾儿童与其他正常人群的互动，帮助他们克服、矫正自卑等不良心理，使他们了解社会、适应社会，为将来立足社会打下基础。

④行为偏差儿童社会工作。行为偏差儿童是指行为上脱离预定轨道，异于正常儿童的个体。现实生活中，部分儿童因受家庭、学校、社区及社会等因素的影响而出现心理异常或行为偏差。对于这些问题，社会工作者需要运用专业方法，通过社会化辅助、心理辅导及环境建设等途径，对儿童的成长施加影响。对于有行为障碍的儿童，学校应该给予高度的关注，争取做到及时发现并及早矫治。社会、家庭也要配合学校给儿童提供良好的成长环境，以促进儿童的身心健康发展。

⑤孤儿、弃儿社会工作。从社会工作角度来说，对失去父母的孤儿、查找不到父母的弃婴、弃儿，一般的救助方式主要有儿童福利机构安置、家庭寄养、收养等。儿童福利机构救助，又称院内救助，是对孤儿、弃儿最常见的一种救助方式，包括为儿童提供饮食，安排他们的起居，给予必需的生活照顾，提供医疗保健和教育。家庭寄养方式，即由民政福利部门评估、选择一些具备适宜的经济条件、居住环境、生活水平、教育程度且具爱心的家庭，将孤儿或弃儿寄养在这些家庭中，由这些家庭为其提供健康、全面发展的条件，并接受社会工作者的监督与指导，以尽可能为孤儿和弃儿创造适宜的家庭环境。还有一部分儿童，通过收养方式予以安置。收养服务是依据法律通过正常手续确定抚养关系的一种儿童服务方式，即依据法律规定，经过法定手续确定监护、抚养关系。

三、儿童社会工作的主要方法

（一）个案工作

儿童个案工作是以儿童（多指有问题的儿童）为服务对象的社会工作，其直接目的在于帮助儿童调整心理情绪状态、激发潜能，辅导其正常发展。同时，协助儿童的家长或监护人对儿童做较为积极的指导，促使儿童身心全面发展。在儿童成长过程中出现的问题往往是多种因素综合作用的结果，在儿童个案工作中，需要特别强调"人在环境中"的观点，重视外在生存环境给儿童发展带来的影响，从各个方面去分析、厘清儿童问题产生的客观原因及儿童自身的主观原因，挖掘和利用一些有用的物质和精神资源，从保障儿童的生存环境入手，全面促进儿童的健康成长。

儿童个案辅导有多种方法或模式，由于儿童年龄较小，还难以用语言表达他们遇到的困惑和遭遇，因此在辅导中更多地采用游戏治疗模式。在游戏世界中，一方面可以促使儿童积极表达自我、充实自我，另一方面有利于社会工作者对儿童内心独特世界的了解与接纳。

（二）小组工作

儿童社会小组工作是以儿童小组为对象，运用小组动力程序与小组活动过程设计技术，使小组中的儿童达到社会性的发展、行为的改变。小组是开展儿童服务的有效载体，儿童具有极大的乐群性，儿童小组既有利于满足儿童交往的需求，也可以为他们提供一个良好的教育环境。儿童可以通过参加阅读朗诵、歌舞表演、参观旅游、体育竞赛、科技制作、绘画展览等喜闻乐见的活动满足娱乐、交往、竞争及自我实现等需求，也可以增长知识、锻炼能力。

在儿童小组服务中，既有对于一般儿童小组的帮助和扶持，调动小组内在积极动力，促进正常儿童的健康发展，也有从小组内部建设入手，对于有一定偏差倾向的儿童小组的矫治和纠正。针对有特殊需要的儿童进行小组辅导，如受虐儿童、遭遇性侵儿童、单亲家庭受忽略儿童或性格异常儿童等，在儿童工作中尤为重要。在开展儿童小组工作时需要注意以下问题：第一，活动安排要新颖有趣，符合儿童活泼好动的性格，但要注意安全；第二，多利用示范来讲述活动的安排和小组规则；第三，避免空泛的道理和讲述过于复杂与抽象的问题；第四，社会工作者的态度是亲切和蔼的，应该具有很强的亲和力，并善于与儿童交往；第五，社会工作者无论是在空间位置还是在心理距离方面，都应该带给小组中的儿童一种平起平坐的感觉。

（三）社区工作

社区工作是一种儿童工作的介入手段，是从建设社区、发展社区的角度入手，解决儿童面临的问题，促进儿童的全面发展。儿童社区工作以调动包括儿童在内的社区居民参与为重点，以营造社区内儿童健康成长发展环境和引导儿童在力所能及范围内与社会形成互动为工作目标，动员一切社会资源，服务于儿童，促进社区健康发展。

对于儿童社区工作的内涵，应该从以下三个角度理解。

第一，儿童社区工作是一种工作模式。为了提高儿童服务的针对性，社区工作者要在调查研究社区需要的基础上，通过动员社区资源、争取外力协助及培养社区居民等渠道，改善儿童的生活质量，最终提高儿童乃至社会发展的水平。社区工作者应该善于利用大众传媒的宣传导向作用，发动社会资源、联系有关政府职能部门、相关社会组织与机构介入社区儿童工作，争取资金、物质及人力等资源，为本社区儿童服务。

第二，儿童社区工作是一种综合性的社会建设。一方面通过对社区内居民的发动，通过居民自助的力量，达到为儿童创建一个安全、美好的生存环境的目的；另一方面调动儿童的积极性，使其参与社区发展与建设，实现自我服务与参与社会的统一，其最终的结果是促进了社会的整体发展与建设。

第三，儿童社区工作是一种理念。儿童社区工作和一般意义上的社区工作一样，主张的是一种现代社会理念，即自助、互助和自决的精神，主要通过自身的努力，而不是完全依赖政府、社会来解决包括儿童发展在内的社会性问题。

社区是儿童社会化的重要场所，社区工作者在为儿童提供各种服务的同时，还应协同街道、居委会等社区工作人员及家长一起矫治有轻度犯罪行为的问题儿童，提高问题儿童向正常儿童的转化率。同时，干预社区闲散儿童，帮助他们脱离原有的生活轨道，是社区工作者面临的重要任务。

第三节　青少年社会工作

一、青少年社会工作的含义

青少年社会工作是社会工作的一个重要领域。何谓青少年社会工作？顾名思义，青少年社会工作是一种旨在帮助青少年的专业，是以青少年为主要的工作对象，主要工作内容为：学业辅导；生活辅导（思想品格指导、社交礼仪指导、心理健康指导等）；心理咨询；职业生涯指导；婚前教育与婚姻介绍；矫正服务等。这主要是根据青少年社会工作内容进行定义的。青少年社会工作的理念是以青少年为本，一切从青少年的需要和利益出发，以青少年为指导，青少年社会工作的作用在于陪伴、辅导、提供相应的资源，帮助青少年充分挖掘自身潜力，促使其快速成长。

青少年社会工作的内容与其他领域的社会工作不同，它同时具有独特的工作过程和特征，从工作过程和特征的角度来看，青少年社会工作可以定义为：青少年社会工作是指根据青少年的生理状态、心理状态、兴趣爱好、家庭背景、智力发展状态等实际情况，对其进行个别辅导或集体辅导，使其获得正常发展，并启发其个别的才能与志趣，使其发展到最大限度，以贡献社会和国家。这个定义从一定程度上强调了青少年的独特性，充分体现出社会工作的个别化的原则。青少年这个群体不同于其他群体，它具有其自身的特点，根据青少年的共同特征，可以为青少年提供一种集体的服务与辅导。同时根据青少年的个体差异，比如不同的家庭背景、不同的成长经历、不同的兴趣爱好、不同的心理趋向，人们可以有针对性地开展工作，这样才能真正做到挖掘其潜力。

二、青少年社会工作的基本内容

（一）思想道德品格辅导

青少年道德发展有以下特点。首先是道德相对主义。他们能够比较事物的差异性，思考不同的解决办法。其次是道德上的冲突。在此阶段，青少年的道德与成人道德观念存在差异。青少年在此阶段的道德观念不会被成人充分接纳，他们也不会认同成人的标准，因此他们之间的疏离感会导致亲子冲突。最后是道德上的知行不一。青少年的道德认知与道德实践常常存在差异性。

因此，针对青少年的道德发展，青少年社会工作要帮助青少年形成正确的看法。引导青少年形成正确的世界观和对自然、社会的正确认识，帮助青少年形成对各类事物和现象的正确评价标准和评价方式，协助青少年建立正确的观察、判断和推理的思维方法，加深青少年对道德理论和知识的了解，协助青少年学会梳理道德情绪和自我认知能力，促使青少年形成良好的道德习惯，并形成自我控制能力。

（二）心理及认知辅导

青少年期心理及认知也存在一些特点。一是身心发展快速且不平衡。在这个阶段，青少年主要的发展性任务是实现自我的同一。也就是说，使理想的我逐步接近现实的我，使自我意识达到积极的统一，道德意识和价值观念得到发展。二是在这个阶段，青少年的独立意识加强，伙伴关系密切，学会了自我批评、听取他人意见，思维活动的数量和质量有了很大提高。

针对青少年的心理特点，青少年社会工作主要包括：辅导青少年了解和认识生理、心理发展的规律，掌握基本的心理发展知识；辅导青少年掌握平衡心理发展的基本技能，提高自我管理和控制能力；协助青少年开展良性的自我探索，实现自我同一性；协助青少年发展健康的认知能力，促进个体新技能、创造力、思考判断力的全面提高；创造有利于青少年发展的社会环境，促进青少年与环境的和谐互动。

（三）个人发展辅导

个人发展辅导的主要内容包括：个人规划及决策能力的培养，主要是协助青少年学习界定问题、收集并运用资料，以提高个人的规划和决策能力；自我状况的了解及个人价值观的澄清，主要是协助个体了解自我能力、兴趣等，并澄清个人的职业价值、个人发展的状况；学会根据个人特定的标准、职业生涯目标、社会要求，经过比较后做出适当的选择；

自身潜能的开发，挖掘个人的潜能，适应快速变迁的社会与职业环境。

在个人的发展规划中，首先要了解个人的潜能、智力、兴趣、人格特征等。其次要对工作发展前景、就业与职业训练资源、工作机会等有明确的认识。再次要确认自我的工作价值观，形成符合社会主流价值体系的个人观念。最后要善于评估环境因素，对政治、经济、社会、文化等因素有必要的了解。

（四）就学就业辅导

就学就业辅导包括学业辅导和就业辅导。在学业辅导中，主要是激发青少年的学习动机，提高青少年的学习自觉性；发展青少年的学习兴趣，加强青少年的求知欲；协助青少年掌握良好的学习方法，提高其学习能力；协助青少年掌握基本的处理压力的技能和方法等。在就业辅导中，主要是培养青少年良好的就业意识，开展就业态度和就业技能辅导，为青少年择业提供直接服务等。

（五）生活方式辅导

生活方式辅导主要是培养青少年形成良好的生活习惯和生活态度，培养良好的生活情趣，提高青少年的闲暇娱乐质量，以及及时纠正不良生活方式，协助青少年养成健康的生活方式等。

（六）人际交往辅导

在青少年生活中，逐步开展人际交往是一个重要内容。在这个阶段，他们要学习处理各种人际关系，包括家庭关系、同伴关系、网络人际关系、其他人际关系等。作为青少年社会工作者，人际交往辅导主要包括：培养青少年良好的交往动机和交往品质，使青少年的合作意识、自我认知能力、沟通交往技巧等有所提高；提高青少年的人际交往能力，完善其领导才能、社交礼仪、交往态度；帮助有人际交往障碍和人际交往偏差的青少年，使其形成正常的人际网络。

（七）犯罪青少年的矫正服务

犯罪青少年的矫正服务主要包括青少年犯罪前的预防教育服务、判决前后的教育服务、替代性教育服务、重返社会教育服务等。目前，我国在这个领域还没有完整健全的服务体系。

（八）弱势青少年保障服务

社会弱势群体是一个在社会资源分配上具有经济利益的贫困性、生活质量的低层次性和承受力的脆弱性特点的特殊社会群体，他们依靠自身的力量或能力无法维持个人及其家庭成员最基本的生活水准，需要国家与社会给予支持和帮助。对于处于弱势群体中的青少年来说，相关的服务内容主要包括基本权利保障服务、司法保护服务、教育权益保障服务、就业保障服务、健康保障服务、社会保障服务等。

(九)婚姻服务

婚姻恋爱是青少年一生中的大事,为青年人婚恋提供服务是社会工作者的重要任务,主要内容包括:帮助青少年树立正确的婚恋观,如对待婚姻、恋爱的态度,对婚姻本质的认识,建立家庭责任心等;为青少年的恋爱婚姻提供全方位的指导,解决他们思想上、情绪上的困扰,提供心理咨询、婚姻调节等多方面的服务;为有需要的青年人介绍对象等。

三、青少年社会工作的基本方法

(一)青少年的个案辅导

青少年的个案辅导是对青少年个体实施的社会工作。在实施过程中,要注意个别化的原则,根据个人的实际情况,给予有计划的、系统的辅导和帮助。个案辅导的对象大都是有特殊问题的青少年,具体的辅导方法很多,要因人而异。具体的程序一般是先和案主进行交流,对其实施观察,用心与其相处,发现其潜能,引导、启迪其选择好的方法去处理自身遇到的各种问题和困惑。同时,对青少年所处的社会环境要加以考虑,可以通过访问和调查案主身边的人(如亲朋好友、同学、老师等),深入地了解青少年个体的问题,更好地实施工作,还可以指导和带领青少年个体参加各种社会实践活动,在实践中对其进行指导,增加个体的实际经验,提高个体的能力。

(二)青少年小组工作

在青少年阶段,各种同龄群体在其身心成长中占有重要的地位。这些小群体或者说社会工作的小组,可以为青少年提供与同伴相处的机会,更能刺激大多数当事人的真实世界。同时,小组规范会对规范小组组员的行为起到很好的约束作用,能够为服务对象提供很多的示范者、行为预演的协助者,这些不同性格的人相互交流和反馈,有助于组员重新建立良好的人际交往和行为习惯。而社会工作小组还为青少年创造了安全开放的交往环境,增强了青少年的社会交往能力,改变了他们与社会隔离的封闭状态。

社会工作者可以通过报告、座谈、集会等形式进行团体辅导;组织与团体建设有关的行为和活动,如入团(队、军)仪式、选举领袖、检阅队伍等,增强团体的凝聚力,使青少年受到启发和教育;通过旅行、参观、参与社会活动等提高青少年的思想、认识,锻炼他们的实际能力。在这些群体中,青少年可以交流成长体会,互相启发,共同提高。

(三)青少年的社区活动

社区是人们生活中最重要的活动场所之一。青少年社会工作运用社区组织活动,一方面,由于社区正在成为青少年生活的主要空间之一,他们的知识更新、娱乐休闲、社交学习、健康锻炼都在社区内完成,一个好的社区能够改善社区内青少年的学习和生活,能够促进他们思想道德素质的提高。另一方面,社区是青少年实现社会化过程的主要场所之一。

青少年的成长和社会化过程，都是由生活环境决定的，社区教育与学校教育、家庭教育一样，对青少年的影响日益重要。青少年社会工作者需要从促进青少年健康成长的高度来认识社区组织活动的重要性。

青少年社区工作主要包括建设社区文化和在社区内进行教育培训服务。社区是一个以生活为主的活动空间，精神文化需求日益增长是社区青少年的一个显性特征。青少年社会工作者要抓住这一特点，通过开展读书、评书、书法、音乐、文体等各种形式的文化活动不断满足青少年休闲娱乐的需要。此外，社会工作者还可以有组织地对外来男女青年和社区内无业青年开展职业技术培训，引导青年掌握一技之长，为青年择业、就业和适应社会发展提供服务。结合青少年的特点，有计划地开展《中华人民共和国未成年人保护法》《中华人民共和国劳动法》《中华人民共和国婚姻法》《中国人口与计划生育条例》等普法教育，为青少年提供升学、就业、婚姻等方面的法律咨询和权益保护。同时，还可以重点对社区内失足青少年开展法律宣传教育，实施帮教工作。

第四节　学校社会工作

一、学校社会工作的含义

学校社会工作是20世纪初在美国发展起来的，最初是在美国由校外民间福利机构或市政单位的工作者以访问教师的形式提供服务，加强家庭和学校间的相互配合，使学校方面能尽到照顾学生整体福利的责任。之后，这项工作逐渐得到各地学校董事会的认可。1913年，美国罗切斯特城的学校率先建立了访问教师制度，随后美国中西部地区的学校也群起效仿。配合当时义务教育的实施，在注重学生个体化差异及教育生活化的呼吁声中，学校社会工作的专业地位日益确立，并最终成立了美国学校社会工作协会。

"二战"以后，学校社会工作得以继续进行，一共有266座城市在学校提供社会工作服务，学校社会工作者逐渐成为学校体制的一个重要组成部分。进入20世纪60年代，越南战争、反对现行体制的反文化运动、民权运动、女权运动，导致美国社会陷入动荡，这种动荡造成大量儿童和青少年的社会适应问题。这个时期，学校社会工作者积极参与教育政策的制定和学校活动的设计，同时和社区建立了广泛的联系。20世纪70年代后，学校社会工作的重点转移到对青少年的人权保护方面，对于体罚、勒令退学、开除学籍等处罚的综合作用进行了大量的论证研究。

学校社会工作是运用社会工作的理论与方法，推动实现学校这一社会建制的主要目标。学校的主要目标是为学生提供教与学的场所，使学生能成功实现预期社会化，为将来进入社会、立足社会做好准备。

从这个定义可以看出，在本质上，学校社会工作属于社会工作的一环；在对象上，学校社会工作以全体学生为服务对象；在方法上，学校社会工作运用个案工作、团体工作和社区工作等社会工作方法；在目的上，学校社会工作在于促进学校目的的实现，也就是要协助学生准备现在及未来的生活。

二、学校社会工作的主要内容

根据"生态系统论"的观点，学校处于不同的生态系统中。学校社会工作通过学生与家庭、学校、社区之间建立良好的关系，以解决他们面临的问题与困惑。学校是开展学校社会工作的主要场所，但学校社会工作场域并不局限于学校，学校社会工作者也要与学生家长及社区人士接触。同样，学校社会工作的主要服务对象是学生，但也包括家长、学校领导、教师及其他有关人员。与此相适应，学校社会工作应做好以下几方面的工作。

（一）为有需要的学生提供专业服务

学校社会工作的服务对象为全体学生。通常来说，学生在校期间容易产生诸如学习状态不佳、学校生活适应不良、身心成长不适、行为偏差、情绪困扰及人际关系紧张等问题。学校社会工作者的一项重要任务就是运用社会工作理论与方法针对这些有需要的学生制订专门的解决方案，帮助他们克服困难。除了对全体学生进行生活、学业及职业上的辅导外，学校社会工作者还需为学生中的各种特殊群体提供有针对性的服务。这些特殊群体包括：有特殊问题的学生，如有厌学、逃学行为、偷窃行为、校园暴力行为的学生；有特殊家庭背景的学生，如单亲家庭、再婚家庭、残疾人家庭、服刑人员家庭等。学校社会工作者需要帮助他们解决学习上可能出现的各种困难，如刚入学或转学时的适应性问题、学习上的障碍等。同时，家庭问题、同辈关系问题处理等也是学校社会工作者的具体服务项目。学校社会工作者应通过各种预防性、发展性和补救性的专业服务解决学生的各种问题。

（二）为学校相关人员提供咨询服务

学校社会工作是学校领域的一种专业服务，其目的在于促成学校总体目标的达成。学校社会工作的方案必须符合学校的目标与发展，学校社会工作者也必须与教师、行政人员，尤其是学生管理者通力合作与协作，为他们提供相关的咨询服务，充当咨询师、辅导者、协调者等多种角色。

学校在讨论制定各种决策时，常需要参考学校社会工作者提供的各种资料，如学生的出勤率、学生的身心健康状况、学生的不良行为以及特殊学生的家庭背景等相关资料。此外，学校社会工作者还需要负责学生、学校、家庭及社区间的联络工作，担任协调者的角色。

（三）为家长提供小组服务

社会工作者开展的小组工作，是由社会工作者指导的，将两个以上且具有共同的或相似问题的成员组织在一起而开展互动性活动的专业服务。对于面临相同困扰的学生来说，他们的家长也会有某些类似的特质。因此，学校社会工作者可以将这些家长组成小组，为他们提供小组服务，以便改善学生的成长环境。例如，对孩子实施家庭暴力的家长通常性别孤僻、生活圈子狭小、缺乏社交技巧，针对这些家长学校社会工作者可以把他们组成小组，运用小组工作方法增强他们与人相处的技巧，鼓励他们跟家人进行良好互动，进而减少他们的施暴行为。

（四）参与社区发展工作

社区是学校的所在地，决定了学校的周边环境。如果学校周边环境杂乱，势必会影响校园的安全。学校社会工作者在协助学生处理问题时，有必要从生态系统理论出发，综合考虑社区环境对学生的影响。学校应加强与社区的合作，在拟定相关的处置方案时，应设法取得社区人员与机构的支持与认可，尤其是社区热心人士的协助。为了取得社区人员与机构的大力支持，学校社会工作者应积极参与社区发展的各项工作，进而达到双赢的目的。在参与社区发展工作中，学校社会工作者可以利用其掌握的社区工作知识与技能协助社区管理机构召开会议、拟订计划、协调与运用各方资源，以推动社区事务的发展。另外，学校社会工作者还应适当组织学生参与社区服务，这样既可以促进社区文明发展，又可以增强学生的社区认同感、提升他们的社会责任感，同时有利于学生社会角色的培养。

（五）开发利用社区资源

由于在校学生的需求是多样性的，其服务也应是多方位的，因此学校社会工作者需要开发利用各种社区资源，才能向服务对象提供足够的支持以帮助他们解决问题，促进他们全面成长。通常来讲，可以把社区资源分为人力资源、物力资源、财力资源、文献资源和组织资源五种类型。学校社会工作者在服务过程中，可以向社区机构的专业人员咨询和转介，邀请这些专业人员到学校开展各类讲座；可以利用社区机构的宣传平台、活动场所及公共设施等物力资源开展各种服务；可以鼓励社区大众为贫困学生捐款，并为品学兼优的学生提供奖学金、奖励和特别表彰；可以从社区机构获取学生家庭及学生本人的相关资料。另外，工作者也可以发动社区内的团体举办相关的团体活动。

三、学校社会工作的具体方法

学校社会工作主要有个人辅导、小组工作、学校和社区综合性活动等具体方法。

（一）个人辅导

个体辅导是指由受过专业训练的工作人员遵循专业的理念和价值观，在专业理论的指导下，运用相应的方法和技巧，为学生提供各种正确面对困难、解决问题、恢复正常功能和促进全面发展及潜能发挥的服务活动和服务过程。从狭义上看，辅导最简单的定义是帮助一个人，是两个人在一种特别情况下的沟通。两个人中一个是辅导员，受过专业训练，明白工作原则，怎样与人建立融洽和谐的关系，纠正短处，发挥特长，使接受辅导者成为一个内心平和、满足现状、对社会有贡献的人。从广义上看，辅导是为了促进服务对象的全面发展，接受辅导者通过辅导过程学会面对难题和解决难题的方法，从而全面均衡地发展他的人生。

根据问题的性质和严重程度，学生辅导可以分成不同的层次。

①初级预防层次。对于学生的许多适应性问题，如果提前给他们传授相关的知识和技巧，使他们有所准备，完全可以有效地避免问题的发生。例如，处于生长发育期的青少年学生，很多人都有过两性关系上的困惑。一方面，青春期的羞涩和骄傲使他们会在表面上拒绝异性朋友；另一方面，处在青春期的少男少女又迫切地想了解与异性有关的各种知识，结交异性朋友。所以，如何同异性相处成为青少年学生的一个难点。对此，学生辅导者可以利用讲座、演讲和开讨论会等多种形式，及时澄清学生对于两性关系的错误认识，教导他们如何同异性正确相处。青少年学生具备了这些知识，同异性相处时，就可以减少不必要的困惑和障碍，达到无形地消除问题的目的。

②次级预防层次。有时候虽然学生具备相应的知识和技巧，但还是会出现问题。此时，就需要开展次级预防层次的辅导工作。这个层面的辅导工作重点是在早期发现问题症候，及早予以处理，将问题消除在萌芽阶段。次级预防层次的对象是具有生活适应问题的学生或者已有问题但是尚不严重的学生，它通过直接接触学生或与其父母和教师的合作，减少不良事件的发生或减轻问题的严重性。例如，青少年学生从事越轨行为的一个重要的原因是好奇和寻求刺激，为了不断满足好奇感和寻求新的刺激，青少年学生会尝试越轨行为。因此，只要对他们的这种心理加以说服，并辅之以严重后果的说明，可以在很大程度上阻止青少年学生越轨行为的重复发生，防止问题进一步恶化。

③诊断和治疗。这个层面的辅导工作，其重点在于危机调适。在这种情况下，学校社会工作者的服务对象已经出了问题，而且问题相当严重。因此，学校社会工作者要设法将他们安置在特殊环境中，如通过感化所的感化服务，接受特殊课程，或是由专家、心理医师直接施以个别矫治，协助他们解决各自的问题，帮助他们重新开始正常的学生生活。

在辅导会谈的过程中，学校社会工作者在具体行动上要注意以下内容。

第一，学校社会工作者要主动地聆听，通过目光、笑容、身姿和专注的神情鼓励学生说出想法和感受。

第二，尽量使用简短、肯定的言词。例如，"是""哦""的确如此"等，表示学校社会工作者明白学生所说的意思，接受了学生的观点，并对学生予以鼓励。

第三，要能够总结和反映学生的感受。在学生吐露感受之后，学校社会工作者能够用简单的几个词语重复学生所表述的个人感受，使学生能深入理解自己的情绪体验和情境，从而帮助他解决问题。

第四，善于总结学生的谈话内容。在谈话中适当的时候，学校社会工作者通过概括学生所述的内容，使他清楚会谈至此的进程，并可引入下面会谈要涉及的事情。

第五，学校社会工作者要注意学生的表情，学生所说的可能和他的表情有不相符之处，学校社会工作者应留心观察学生，留意他是否有所隐瞒。

第六，学校社会工作者要避免自己的局限性和偏见，不要强行尝试解决超出自己的能力的问题。

第七，学校社会工作者要及时地肯定学生的每一个进步并给予鼓励。

第八，当遇到学生对学校社会工作者表示抗拒时，学校社会工作者要有足够的自控能力，能够继续接纳这类学生，还可以把这种情况提出来进行讨论，了解出现问题的症结。

在对学生进行辅导时，可以使用以下方法。

第一，沉默法。这是对学生的行为或语言不做回应和不予理睬，但目光仍然集中在学生身上，维持观察和思考的方法。学校社会工作者的注意和凝视学生是能够觉察到的，沉默法的作用是对学生的炫耀或狂妄的行为或言语进行否定。

第二，称赞法。称赞法非常适用于青少年，尤其是那些内心有自卑感，以反叛行为来掩饰其自卑的青少年。在这类青少年心中，觉得父母及其他长辈、老师都不欣赏他们，如果学校社会工作者对他们表示欣赏，便会击中他们心理上的弱点——希望别人尊重他们的存在，从而为双方良好关系的建立和辅导的进一步开展奠定基础。

第三，认同法。这种方法同样适用于具有反叛性格的青少年，这类学生很多时候都与老师、家长对立，不接受忠告。原因是他们心中认定老师和家长不了解他们的思想，也未经历过他们的感受，只懂得说教而已。如果学校社会工作者对他们采用认同法（如对他们说"我曾经和你有相似的经历""我也曾有过与你相近的看法"等）就可能打破与这类学生的隔膜，进而使得这类学生接纳学校社会工作者的观点，顺利接受学校社会工作者的帮助和辅导。

（二）小组工作

学校小组工作和其他社会工作一样都是一门技艺，因此，小组工作方法不仅需要在情境中灵活和创造性地使用，而且需要遵守它的科学性。在学校小组工作过程中，可以划分成两个阶段：一是小组工作前期准备阶段，二是小组工作过程阶段。

1. 小组工作前期准备阶段

①制订小组工作计划。在准备阶段，制订小组工作计划是至关重要的工作。学校社会工作者在活动之前，通常要准备一份小组活动计划书，内容包括小组名称、基本理念、主要理论、目标、服务对象和招募方法、小组活动安排、小组活动日期和时间、地点、活动主题、具体内容、所需物资、预计困难和解决方法、评估方法、经费预算等内容。

②小组成员的招募。一旦决定开设一个小组，并且小组的性质、目标以及成员的资格都已经确定下来之后，接下来就要招募小组成员了。大致而言，小组成员招募的方法有以下几种：一是如果小组工作者手边就有预备成员资料的话，可用当面会谈的直接接触方法。

这种面对面的直接接触是最有效的成员招募方法，但耗时较多。二是以邮寄、张贴海报或布告栏公告等方式告知大众，让有兴趣者前来应征，或者在教室里用影片介绍、演讲或讨论等方式进行宣传。在学校里通过班主任、辅导员等利用班会时间加以宣传，或请来各行政单位协助推荐合适人选。还可以函告家长鼓励孩子报名参加，或者利用电视、广播、报纸、杂志等大众传播媒介进行广泛宣传，征集小组成员。此外，在小组的活动通知单上必须写明小组成立的目的，小组活动的日期、地点、次数和期限的长短，参加小组所需的费用及其他相关的开支（倘若无须费用支出也请说明），负责机构的名称及电话号码，小组工作者的姓名、电话、专业经历和训练等个人资料，小组工作者和小组成员的权利与义务，还可以包括一些其他相关的安排事项，如小孩照顾的服务、有无交通服务和茶水点心供应等。

③小组成员的筛选。经过宣传后，如果有许多人前来报名参加小组活动的话，则要对报名者进行筛选。选择的过程，除了了解申请者的意愿、向未来小组成员澄清有关疑虑、介绍小组存在的理由、准备日后要探讨的一些主题和方向，以及剔除有偏差人格特质的应征者（如自杀性的、精神病的、极端的、有危机的、高偏执狂的、妄想的、极度自我中心的、有仇视心理的、行事行为具有独霸性的、有侵犯性的以及自恋狂等，这类应征者更适合接受个别咨询、个别治疗等方式的辅导）之外，还要考虑以下因素：一是需要组建的小组的性质是"同质性"还是"异质性"。小组的同质或异质，主要是指成员在人格特质、教育程度、成长背景、社会和经济地位等方面的异同。如果要成立的小组属于发展性工作的学习小组、成长小组（如人际关系的培养、自我的肯定和增强等）或专业训练小组，则宜选择同质性较高的成员，因为组成成员程度相近、易于交流。如果要成立的小组属于治疗性、任务性或创意性思考等小组，则成员的挑选要着重从异质性考虑，因为异质性小组贵在它的"社会多样性"，成员丰富的多样性及不同的人格特质，可以使成员互相刺激、彼此观摩学习，让小组的发展更具多元性。二是即将建立的小组是同一性别的还是混合性别的。如果选择的成员全部都是女性，其小组特征是具有高度的凝聚力，拥有较愉悦的小组气氛，成员的参与性高，且都能体会到小组的经验。如果挑选的成员全部都是男性，其小组特征是对指定的任务工作十分努力且相当持久，但是小组工作气氛较为低沉。如果挑选的成员是男女性混合，这样的小组调和了男性组和女性组的同质影响力，也结合了两组好的影响因素，所以男女性混合组的特征是高凝聚力、高参与感和高任务导向性。

2. 小组工作过程阶段

学校社会工作者要明确自身在小组中的任务。聚会开始时，如果小组成员互不相识，学校社会工作者应该介绍他们相互认识。如果有额外的聚会通报和文案，就应该派发。学校社会工作者也应该清楚地向小组成员阐明聚会的目的和步骤，使每一个人都知道聚会期间会发生什么。对聚会的讨论目的和讨论议题有清楚的了解，有助于小组成员感到议题对他们来说是有意义的和有兴趣的。

在聚会的中间阶段，学校社会工作者的主要任务是确保小组成员遵照聚会议程而不要离题。中间阶段通常是小组完成它的大多数困难任务的时刻，为了顺利地进行讨论，学校社会工作者的第一件事就是阐明讨论的题目、程序和步骤。这样一来，小组成员就对可能出现的情况有一个清晰的认识或预先有一个准备，并了解他们应该遵循的规则和程序。有时，当议题非常重要而且涉及所有成员时，就应该在这个阶段多花费些时间。

在聚会的结束阶段，学校社会工作者要控制讨论的时间，从而保证所有的问题都能解决。要严格地控制时间以便每一个议题都有足够的时间，而不是没有经过思考就匆忙地做出决定。如果时间不够，学校社会工作者和全体小组成员就必须考虑余下的议题中哪些是应该优先讨论的，并决定哪些议题可以推迟到下一次聚会时再讨论。

在小组聚会中，应当注意以下技巧的应用。

①总结的技巧。在讨论中，总结是经常被使用的沟通技巧。在讨论中，会产生各种观点和意见，它们可能是支离破碎的，甚至是有冲突的。所以，对学校社会工作者而言，重要的是不断总结讨论的内容，使小组成员对他们所说的和所赞同的事物有一个清晰的印象。小组工作者可以用总结来检查是否已经理解小组成员传来的信息并做出正确的解释，他也可以利用总结去处理难题或问题，把它拆成不同的部分，使讨论更容易和更深入。总之，总结能帮助小组集中注意力，促使小组成员把精力放在特别重要的讨论议题上。

②集中焦点的技巧。一种使小组成员在讨论中集中焦点的方法是学校社会工作者建议小组每次讨论只处理一个议题或一个问题。他可以向小组成员指出，他们的讨论是否脱离议题，并要求他们只做与任务有关的陈述。学校社会工作者也可以建立一些规则限制小组成员，使他们的交谈始终围绕着议题。

③表达关切的技巧。要让小组成员知道，学校社会工作者密切关注着他们在说些什么或做些什么。学校社会工作者应该关注语言或非语言的沟通，避免判断和评价小组成员，这样的技巧会高度鼓励小组成员继续做下去。

④保证公平参与的技巧。公平的参与并不等于相同的参与，公平参与以小组成员期望的参与为标准，与不同成员在小组中所扮演的角色，及其所拥有的知识、信息相适应。例如，如果一个成员在某一方面有特长，小组就可以指望这个成员为小组在这方面提供更多的信息，而对于另一个对这个题目知之甚少的成员的期望就要低一些。如果一个成员是讨论的领导者，其他成员可以指望他更多地参与，而一个新成员，他仍然需要时间进行定位，其他人就不能指望他有太多参与。在讨论或小组活动中，学校社会工作者必须有技巧地保证每一个人能按照他的能力与角色进行参与和发挥作用。

⑤质询的技巧。质询是另一种用来告诉一个小组成员他言行不一致的技巧，这是一种特殊的传递信息的方法，用来影响一个成员，促成他的行为有所改变。

（三）学校和社区综合性活动

学校和社区综合性活动就是运用学校社会工作的理念、原则、方法和技术，在整个学校及社区范围内开展学生工作，协助社区建设，改善教育环境，强化学校与居民的联系，以及学校与社区的沟通。在这个专业服务过程中，学校社会工作者不仅在学校协助学生，而且经由协助社区影响学校的政策，促进学生的成长。

学校和社区综合性活动主要包括以下内容。

1. 协助学生通过服务社区来促进自我成长

学生的发展并非只来自学校教师或者工作者的协助，也来自学生的自我培养和训练。所以，学校社会工作者鼓励学生组织社区服务团队，为社区服务，为社区中有需要的人群（如老人、儿童、残疾人、病患者等）服务，并在这种服务过程中带动自我成长与自我训练。学校和社区综合性活动寓教于服务之中，强调学生生活与社区活动的相互结合，通过利用社区资源，既服务社区又促进学生成长。

2. 强化对有行为问题的学生的管理和引导

有些学生有行为上的问题，有比较严重的越轨甚至犯罪行为，如偷窃、斗殴、敲诈以及欺负弱小同学等。对于这些学生的帮教以及行为纠偏不应只限于学校，还应延伸到社区；不应局限于学校里教师的工作，还应该由社区居委会及社区青少年工作人员共同参与。在这个过程中，学校社会工作者起着联络和桥梁的作用，甚至直接从事对问题学生的帮助和教育工作。

3. 联系学生家长，支持学校政策

随着经济的发展，学生家长越来越对现代学校的决策，如办学方针、学生培养、设施建设等方面产生重大影响。因此，联系学生家长参与家长会，争取他们支持学校政策，或对学校政策提出建设性的意见，是学校社会工作者的责任之一，也是学校和社区综合性活动的主要方向之一。

4. 组织学生家长，提高家长对子女的教育水平

按照米德的理论，在现代社会，采用并喻文化乃至后喻文化的视角来加强家长与子女的真诚交流和平等沟通变得越来越重要。因此，提高家长的素质，尤其是与子女交往的水平和能力，建立家长与子女的良好关系，塑造一个健康的家庭环境，是学校和社区综合性活动的一个重要环节。

5. 协调社区机构，推行社区教育

由于学校是社区中最大的拥有资源的机构，所以中外学者都倡导"学校是社区组织发展的中心"。但是，在现有的学校教育制度下，行政人员和任课教师均不可能从事社区教育或社区建设活动，只有学校中的专职社会工作者才能承担此责。学校社会工作者应通过自己的努力实现改进社区和培养大批人才的双重目标。

6. 提供相关的专业咨询服务

学校社会工作还可以向学校及老师、学生家长以及相关政府主管部门提供相关的专业咨询服务。这些咨询内容包括不同年龄学生的身心特点辅导或工作方向、学生家长与学生的良好沟通方式、老师与学生融洽关系的建立、学校开展学生活动的内容和项目设计、有关学生培养和教育政策的制定等。在咨询中，学校社会工作者可以为相关人士解答与学校工作有关的各种疑问。在工作中，学校社会工作者逐步积累了大量处理青少年问题的经验，因此，更有可能提出切合实际、科学合理的意见和建议。

第五节 家庭社会工作

一、家庭社会工作的含义

对于什么是家庭社会工作，众多社会工作学者基于不同的理论流派和学术观点，提出了很多不同的定义。在美国社会工作发展历史上，就曾出现过各种专业名词，如家庭服务、以家庭为中心的实践、家庭直接服务、针对家庭的社会工作实践等。这些提法虽然不同，但大多是指围绕家庭所开展的社会工作，只是受不同历史时期所倡导的政策和家庭运动影响所致。

台湾学者徐震、林万亿认为，家庭社会工作是指社会工作人员应用社会工作的原则与方法，为增进家庭生活、扩大家庭功能，而对家庭所提供的服务与治疗。香港学者马丽庄则指出，家庭社会工作就是指帮助求助的家庭发展，并运用自身及社会的资源，增强家庭日常功能，改善家庭关系和解决家庭问题。

大陆学者认为，家庭社会工作是指为解决家庭问题、增进家庭福利、更好地实现家庭功能而进行的社会工作，特指以协助整个家庭为主旨的社会工作。在解决问题的过程中，包括对整体家庭及各个家庭成员两者的需要进行测量、介入和评估等。相对而言，这个定义包容性较大，同时具有比较明确的指向性。它表明，家庭社会工作的服务对象是所有的家庭，尤其是弱势人群和有需要的家庭；其工作范畴涉及家庭治疗、心理辅导、家庭服务等；在工作方法方面，倡导运用社会工作的专业方法，兼容多元化的工作模式。

二、家庭社会工作的内容

家庭社会工作是时代变迁、社会发展的产物。社会发展阶段不同、文化传统及经济发展程度不同，家庭社会工作的内容也有所不同。

（一）美国家庭社会工作内容

美国家庭社会工作始于慈善组织对贫困家庭的救济与服务，于20世纪初开始走向专业化。从总体上说其历史是以经济援助为主的家庭服务逐渐发展为以专业性治疗为主的专业社会工作的历史。

美国1965年出版的《家庭工作全书》把家庭社会工作内容归纳为：一般性的服务；婚姻的咨询；家庭生活教育；家庭服务专业教育；家庭社会服务研究；家庭社会环境改善等。费尔德曼等人在《家庭社会福利》一书中，把家庭社会服务分为四类：经济困难的问题；因病住院、因罪服刑而不得不离家而产生的问题；夫妻失和而导致家庭成员的心理问题；有身心残障家庭的社会适应问题。

我国台湾学者周月清则把美国的家庭社会工作内容总结为以下三大类。

第一类，临床服务与具体式服务。前者包括提供咨询辅导、社会个案工作与小组工作；后者指提供经济援助、食物、住所、信息等有形的服务。

第二类，针对家庭问题的服务。家庭福利机构主要针对以下家庭问题提供服务：夫妻不合、离婚、分居、外遇；亲子关系的障碍；单亲家庭；青少年问题、逃学逃家；未婚母亲或未婚怀孕；家庭成员身体残障、心理智力有障碍，或患有慢性疾病、艾滋病；儿童虐待、儿童疏忽；性虐待；婚姻暴力；虐待老人，老人安抚照顾；家庭成员酗酒、吸毒、情绪与行为失控、意外伤害、死亡、服刑、赌博、住在教养院中；经济问题及其他。

第三类，儿童福利的家庭服务，包括支持性服务、补充性服务及替代性服务。

美国的家庭社会工作内容随着时代变迁和社会需要的不同也在发生着变化，但始终以促进儿童及青少年的健康发展为前提，美国家庭社会工作的服务对象也相应地以儿童及青少年为重点。因此，美国社会以孩子为标准将家庭类型划分为：父母和孩子组成的家庭；单亲父母和孩子组织的家庭；非监护人父母和孩子组成的家庭；扮演父母角色的祖父母、其他亲戚和孩子组成的家庭；领养和收养孩子的家庭。

为了促进儿童及青少年的健康成长，当前美国家庭社会工作主要采取如下措施：①弹性制的儿童教育。根据美国的法律，美国对5岁至18岁的未成年人实行义务教育制，家庭有义务保证适龄儿童接受义务教育。②以家庭为工作对象的儿童医疗。美国家庭社会工作的过程包括评估、诊断、制订治疗计划、结果评估与干预等。但美国家庭社会工作在对儿童进行服务时，不仅将儿童本人作为关注对象，还要对儿童所在的家庭及社会环境进行评估。③重视家庭作用的儿童保护。美国一直以儿童安全为第一位，儿童安全受到法律的严格保护。美国社会尊重父母管教孩子的权利，但一旦父母无法进行正当的管教，管教的义务就会由政府或相关社会组织承担。④弥补家庭不足的社会福利。美国保护儿童的法律都由联邦统一制定、州弹性执行，但联邦政府可以通过设定社会福利项目来施加影响。⑤强调专业支持的社会服务。为了促进儿童的健康成长，美国成立了许多社会工作服务机构对有需要的家庭提供专业支持。

(二)我国家庭社会工作内容

我国港台地区,家庭社会工作深受欧美国家的家庭服务模式与方法的影响,其内容同欧美国家没有太大的区别。香港于1958年成立了社会福利署,最早开设的服务就是家庭服务。目前,家庭社会工作内容主要包括咨询、家务服务、家庭生活教育及儿童照顾服务等。台湾的家庭社会工作则始于1946年成立的妇女会,其以改善家庭生活、健全家庭组织、调解家庭纠纷及从事婚姻辅导为主旨。台湾的家庭社会工作除了从经济及心理角度对家庭进行援助外,还特别强调从制度层面入手解决家庭的相关问题。

和港台地区相比,我国大陆的专业家庭社会工作还处于起步阶段。虽然目前的家庭服务形式多种多样,但其规范化及专业性方面还极其欠缺。当前,我国内地家庭社会工作的内容主要集中在以下几个方面。

第一,家庭生活服务。家庭生活服务主要是指由社区中的相关机构针对社区居民日常生活需要所提供的有偿服务,主要包括:由非政府机构提供的家政服务;为小学生和老年人提供午饭的"小饭桌"服务;医院为行动不便的病人提供上门服务的"家庭病床";依托居委会兴办的服务与社区的小型服务项目;由社区组织的一对一、户帮户的居民互助;通过拨打热线电话解决购物、清洁、家电维修等便民热线服务等。另外,社区还拥有自己的志愿者队伍,无偿为家庭,特别是经济上或行动上有困难的家庭提供义务服务。通过这些日常的生活服务,可以减轻家庭成员,特别是一些双职工家庭的负担,使家庭成员能够从繁重的家务中解脱出来,不断提高家庭生活的质量。

第二,面向家庭的教育与培训。为家庭提供教育和培训的主要目的在于帮助家庭成员树立正确的婚姻观念,提升处理家庭内部有关婚姻关系、亲子关系的技巧,加强家庭成员处理家庭事务的能力,等等。针对不同的培训目标,开设面向不同对象的培训内容:一是婚姻方面的教育,主要在于帮助参加者了解婚姻的不同阶段容易产生的问题及相关的生理、心理、法律知识,帮助人们科学面对婚姻的冲突与矛盾;二是家政方面的培训,包括家政培训班、家庭服务员培训班,通过讲授家庭理财购物、家庭生活料理、家庭布置、病人护理等知识,帮助参加者提高家庭事务的处理能力;三是家庭养育方面的培训,主要讲授科学育儿方法,开办者多是教育部门;四是再就业培训,主要是针对下岗职工进行的培训,帮助他们在短期内迅速获得再就业的知识与技术。

第三,困难家庭救助。对困难家庭的救助是指在家庭遇到特殊困难或意外灾害,如因家庭中有人失业、家庭成员重病或死亡等原因而造成家庭生活陷入困境时,由国家和社会机构以现金或实物的形式对家庭进行救助等。家庭救助是为了促进家庭的健康协调运作,维护社会的稳定与发展。

第四,家庭婚姻咨询服务。随着家庭生活水平的不断提高,人们对家庭生活质量的追求也不断地提升,家庭婚姻咨询服务应运而生。其目的在于协助家庭减少摩擦,改进婚姻质量,防止家庭破裂,促进家庭的稳定与幸福。近十几年来,中国内地的婚姻咨询服务纷纷出现。国家民政部门及妇联组织设置了有关家庭婚姻建设协会之类的机构，学校、电台及一些民间组织也开通了有关婚姻家庭和妇女、青少年教育的热线电话。从事这项工作的成员既包括社会工作者、医生、心理学家、教育家、法律人士，也包括热心于此项工作的志愿者。这种咨询服务是大陆专业家庭社会工作的雏形。

许多学者认为，根据国际专业社会工作的标准，中国内地的家庭社会工作还不算严格意义上的家庭社会工作。尽管提供家庭服务的机构既包括政府机构也包括非政府组织，但这些机构还存在着各自为战的现象，许多工作人员也没有受过社会工作专门训练，他们对社会工作专业方法与价值观的掌握还很欠缺。

三、家庭社会工作的方法

（一）家庭个案工作

家庭个案工作具有个案工作的一般特点，但按照家庭个案工作服务对象的不同、服务领域的不同，又必须有一些专门的知识。家庭个案工作的服务对象是在角色功能实施上有障碍的家庭成员，所以家庭个案工作要把重点放在家庭的角色关系上，以家庭整体为援助对象，帮助家庭成员进行角色的调适。例如，对一个患有心理疾病的案主来说，在心理学家那里，可能会分析出是他的心理疾病引起了家庭关系的紧张；而如果他到家庭福利机构来求助，社会工作人员分析的着眼点可能就是是否因为家庭关系的紧张，如夫妻不和，面临离婚的威胁，却又不愿意离婚等焦虑和烦恼引起了心理疾病，这样以心理的障碍为焦点，就是家庭个案工作的特点。家庭个案工作的另一个特点，就是从社会制度的角度来帮助家庭整体。家庭是社会的基本单位，是对儿童人格形成不可缺少的社会制度。对成人而言，家庭是自己稳定的避难所，家庭给他以安定感，家庭和个人是密不可分、息息相关的。家庭关系是长久的，个人在角色实行上的障碍将直接影响家庭生活，使家庭生活陷于混乱的状态，而混乱的家庭生活又反过来影响着每个家庭成员，所以帮助家庭成员，也就帮助了家庭整体，恢复了家庭的功能，健全了整个家庭制度。

家庭个案工作是利用个案工作的一般原则和方法，也就是说，凡是个案工作的一切知识都是家庭个案工作的基础。例如，个案工作以案主的需要为主，启发案主的潜能，增强其面对自己的问题的动机，自动地解决自己的问题；家庭个案工作同样是启发家庭成员的潜能，使成员自动地解决问题。

除一般个案工作的基本原则外，家庭个案工作在实施时还有其特殊的原则。家庭个案工作主要帮助家庭成员调适角色功能，使其能够顺利履行其应尽的职责，所以在家庭个案工作中，要特别强调在家庭的动态关系中，家庭成员角色分配是否合理，外界的期望角色与成员自我认同是否相符，找出妨碍其角色实行的原因，启发家庭成员自己面对问题。从最初案主的申请、接案开始到之后的连续过程中，都要注意角色的实行以及角色当事者主动参与解决问题的原则。如果家庭中每一个成员都能担当起各自的角色，那也就意味着家庭个案工作的任务已经基本完成，但还要帮助家庭整体去评价他们的进步情形，体验新的共同生活状况，意识到彼此感情的结合以及家庭生活的连带性，这是家庭个案工作比较独特的地方，也是非常重要的技术。

（二）家庭咨询

家庭咨询，是指由专业人员为在恋爱、婚姻、家庭生活中遇到各种问题的服务对象提供咨询服务。家庭咨询的目的在于解决求助者面临的情感困扰，解决婚姻生活的具体问题，解决家庭中的种种纠纷。持续不良的情感关系或面临危机婚姻状态的求助者，一般自己很难从中走出来，长期不合理的认知和行为表达已经形成了强大惯性。通过家庭社会工作者的帮助，家庭咨询能使求助者对自己的情感和家庭问题的认识由迷惘、盲目变得清晰起来，从无所适从、不置可否变得有办法和可操作起来。家庭咨询是家庭问题解决的有效途径，家庭咨询可以改变家庭生活和夫妻关系的很多方面，它的干预和影响广泛而深刻。

家庭咨询主要包括以下四种内容。

①恋爱择偶辅导。在恋爱择偶辅导中，主要介绍爱情的形式，如通常概括的六种恋爱风格：激情之爱、同伴之爱、游戏之爱、占有之爱、合理之爱和无私之爱，并使服务对象了解恋爱、择偶的相关理论，包括爱情的三角形理论、择偶三阶段理论、父母偶像理论和需求互补理论等，帮助服务对象树立明确的爱情观。恋爱择偶辅导的重点是择偶心理测量、择偶偏好测量和婚恋心理匹配度测量。同时，还可以提供一些法律建议，如恋爱应双方自愿、达到法定年龄、符合一夫一妻制的法律要求。此外，要进行恋爱沟通技巧的辅导，防止恋爱暴力的出现。

②婚前辅导。婚前辅导可以使即将步入婚姻的男女明白婚姻的意义与目标，促进双方进一步了解彼此，了解婚姻中可能遇到的困难，从而顺利且迅速地适应婚姻关系，降低婚姻失败的概率，提高婚姻成长和成功的机会，使青年男女有更多机会获得比较强的婚姻满足感，使年轻的夫妻今后更有可能成为成功的父母。婚前辅导可以使男女双方在今后的婚姻生活中有更多的能量来面对和解决各种问题，在面临困扰时，能及早求助，避免婚姻生活的失败。

婚前辅导的内容包括提升双方的自我认知和相互了解，明确沟通与冲突处理的方法和原则，做好婚前的物质准备和知识准备，帮助双方顺利渡过磨合期，准备家庭生育计划和家庭经济计划。

③婚姻关系咨询辅导。婚姻关系咨询辅导可以使双方明确健康婚姻关系的特征是尊重、宠爱和友谊，紧密的情感联结、高质量的沟通，共同、有效的冲突处理方式，接纳、包容的心态，明确、长期的承诺和一致的价值观与目标。

根据婚姻关系的不同阶段，分别采取不同的应对措施。例如，新婚磨合期夫妻关系的调适，要理解新婚磨合期的摩擦是正常现象，以积极心态走出婚姻幻想化的误区，理解和关心对方，了解对方的生活习惯，包容对方的差异，宽容对方的缺点，在生活中逐渐靠拢。

在婚后七年左右的时间里,夫妻关系调适内容包括子女教育的冲突、婚姻矛盾的辅导、婚外恋的处理等。中年夫妻关系辅导包括帮助夫妻了解彼此的变化,对中年期的生理与心理变化有所了解,增加互相的体谅和关照。对老年夫妻关系的辅导包括促进双方白头偕老的陪伴关系,正确处理丧偶和黄昏恋等问题。

④家庭关系辅导咨询。家庭关系辅导咨询的主要内容包括婆媳、翁婿关系的协调、祖孙关系的协调和同辈姻亲关系的辅导。在处理婆媳、翁婿关系时,明确婆媳、翁婿易产生矛盾的原因,指明协调婆媳、翁婿关系的要点。了解祖孙关系中常出现的问题,明确祖孙相处模式和隔代相处的注意事项。在同辈姻亲关系辅导中,指明同辈姻亲关系的特点和同辈姻亲间矛盾的起因,协助服务对象建立联络同辈姻亲感情的机制,明确处理同辈姻亲矛盾的原则、技巧。

(三)社区工作

从家庭福利运动的历史来看,家庭个案工作的服务只有七十多年的历史,而社会的一些条件的改善从19世纪中叶就开始了,可以说已经有一百多年的历史。家庭福利受到地区社会的生活或社会制度的影响。负有社会使命的工作人员并不是单单解决家庭内部的问题,对于和家庭生活有关联的社会制度也要关心。目前,中国家庭结构的变化和家庭功能的外移,使社区具有广阔的发展前景。当前对儿童问题、身体残障者、精神病患者或是老人等,都考虑通过回归社区的方式进行照顾,社区面向家庭的生活服务内容也反映了这样的需求趋势。在社区照顾的方式下,家庭就不得不扮演重要的角色,而家庭为了解决儿童、残障者、老人等问题就需要获得一些外在的支援,家庭和社区之间的互动交流是不可或缺的。

(四)家庭治疗

家庭治疗是家庭社会工作中最具有专业特征的方法。它作为与个案工作、小组工作及社区工作并列的专业方法,被广泛地运用于家庭社会工作服务中。事实上,在家庭社会工作实务过程中,无论是采用个案工作、小组工作还是社区工作,都涉及家庭治疗的一系列理论和技巧。

家庭治疗作为一种治疗模式出现在第二次世界大战后的美国医学界,20世纪50年代被社会工作和心理治疗界认可,并运用于家庭社会工作服务中。家庭治疗是一种治疗模式,是将整个家庭作为治疗单位,焦点在于家庭成员间的互动关系和沟通问题,是处理人际关系的一种方法。家庭治疗理论认为家庭成员的行为是与家庭其他成员互动的结果,个人的问题可能源于家庭的困扰。因此,家庭治疗是以家庭而不是以个人为治疗单位,通过家庭内部不良互动结构及成员间不良互动方式的改变,从而从根本上解决个人及家庭的问题。经过几十年的发展,在不同心理治疗理论基础上,家庭治疗已形成众多的理论流派,如20世纪80年代以前形成的结构学派、行为学派、精神动力学派、策略学派、系统学派、经验学派等，这些学派被称为家庭治疗现代主义学派。20世纪80年代后，受后现代主义思潮的影响，出现了米兰学派、故事学派、精要学派、新女性主义学派等，这些学派则被统称为家庭治疗的后现代主义学派。虽然不同家庭治疗学派的理论基础不同，但是它们都以协助家庭恢复其正常功能为目标，以调整和改变家庭系统的运作为治疗的切入点。

第六节 矫正社会工作

一、矫正社会工作的含义

矫正社会工作是社会工作专业中一个较为特殊的领域，其特殊性表现在它的服务对象具有其他领域服务对象所不具有的需要及问题。矫正，也称矫治，原是医学上的专门用语，意指通过手术或药物治疗，使身体部位的形状或技能方面发生畸变的患者得到康复，重新过上和正常人一样的生活的过程。例如，矫正口吃、矫正牙齿、矫正斜视、矫正脊柱等。"矫正"概念被引入社会领域，成为司法方面的专门用语，意指国家司法机关和工作人员通过各种措施和手段，使犯罪者或具有犯罪倾向的违法人员得到思想上、心理上和行为上的矫正治疗，从而重新融入社会，成为正常成员的过程。

矫正社会工作是指将社会工作实施于矫正体系中。它是指专业人员或志愿人士，在专业价值观指引下，运用社会工作的理论、知识、方法和技术，为犯罪嫌疑人或违法犯罪人员及其家人，在审判、监禁处所或刑释期间，提供思想教育、心理辅导、行为纠正、信息咨询、就业培训、生活照顾以及社会环境改善等，使犯罪嫌疑人或违法犯罪人员消除犯罪心理，修正行为模式，适应社会生活的一种福利服务。

根据这个定义，矫正社会工作应包括以下四个方面的含义。

①矫正社会工作是一种社会福利服务。

②矫正社会工作是为特殊社会弱势群体——犯罪嫌疑人或违法犯罪人员提供的福利服务。

③矫正社会工作是司法矫正体系中的社会福利服务。

④矫正社会工作是一种专业化的社会福利服务。

二、矫正社会工作的主要内容

矫正社会工作贯穿于对违法犯罪人员进行司法矫正的各个方面以及整个过程，其主要内容包括司法判决前的服务、监禁场所中的服务、社区矫正中的服务以及刑满释放后的服务四个方面。

（一）司法判决前的社会工作

在司法判决前，社会工作的服务对象主要包括犯罪嫌疑人及其亲友。

1. 为犯罪嫌疑人提供的社会工作服务

在案件开始审理之前，矫正社会工作者就开始介入相关的司法过程，这时的主要工作对象是已被拘押或保释的、尚未被判定有罪的犯罪嫌疑人。这个阶段矫正社会工作者的主要工作职责是通过与犯罪嫌疑人及其家属和周围社区的接触，了解犯罪嫌疑人的情况，撰写有关犯罪嫌疑人背景的调查报告，提交法庭作为审判参考。

矫正社会工作者在司法判决前提交调查报告的目的不是像律师一样为被告辩护，而是在违法犯罪人员承认犯罪事实的基础上为法庭判决提出参考建议。在很多司法辖区，法庭十分重视矫正社会工作者的调查报告。法庭调查一般注重犯罪事实本身，而矫正社会工作者的调查报告提供了违法犯罪人员的社会背景和性格特征等资料，有助于法庭对某一特定违法犯罪人员做出适用何种刑罚处置的判定，这种个别化的处理方式有利于违法犯罪人员的改过自新。

通常，矫正社会工作者提供的判决前的调查报告包括三个部分：一是对犯罪事实的记录。其中，犯罪嫌疑人自己对犯罪的供述和辩解，以及警察或被害人的陈述等都要加以记载。二是犯罪嫌疑人的前科，要对以前被逮捕及犯罪情况进行详细说明和评价。三是犯罪嫌疑人的生活史，包括其家庭、教育、工作经历、身体和精神状况、宗教信仰、社会活动、服役、财产状况等。

矫正社会工作者的报告要准确客观，除了与犯罪嫌疑人交谈外，还要和与其相关的许多人，如家人、邻居、同学、朋友、警察、受害人等进行广泛交谈。近年来，我国一些地方法院在审判青少年犯罪案件时，开始要求相关部门为青少年案件的犯罪嫌疑人提供类似的服务。

2. 为犯罪嫌疑人的亲友提供的社会工作服务

犯罪嫌疑人一旦被拘押，其家人和亲友常常会因此受到冲击和拖累，尤其是犯罪嫌疑人家中有年迈的父母和年幼的子女，其生活会因此陷入困境。矫正社会工作者此时主要是为这些陷入困境的犯罪嫌疑人的家属提供帮助。

这种帮助主要包括三方面：一是协调犯罪嫌疑人的家庭关系，为其家庭成员提供心理和情绪方面的辅导，处理因犯罪嫌疑人被拘押和等待审判导致的夫妻关系失和、婚姻关系破裂、家庭成员心理自卑、情绪失控等问题。二是寻找社会资源，帮助家庭经济陷入困境的犯罪嫌疑人家属维持生活。三是为失去依靠的家庭成员，如未成年的儿童或年迈又无人照料的老人提供生活照料。

（二）监禁场所中的社会工作

对违法犯罪人员实施监禁的场所包括戒毒所、看管所和监狱等。在监禁场所中，矫正社会工作者所能提供的专业服务主要包括以下三方面。

1. 协助服刑人员适应监禁场所的生活

首先，帮助服刑人员熟悉监狱环境。监狱是司法矫正体系的重要组成部分，具有惩罚、隔绝和威慑的功能，所以会对服刑人员在心理上产生震慑作用。这种心理上的震慑作用可能导致两种相反的后果，即抗拒或改过。在这个过程中，矫正社会工作者要帮助服刑人员适应监禁场所的生活，包括向服刑人员介绍监狱的环境、监狱的作息制度、监狱的监管措施、监狱的奖惩办法等，促使他们尽早适应环境，改过自新。

其次，帮助服刑人员戒除不良生活习惯。许多服刑人员有酗酒、吸食毒品等恶习，此类行为在监狱环境中是被严格禁止的。矫正社会工作者要帮助有这些不良习惯的人员戒除酒瘾、毒瘾，使其更好地遵守监禁场所的规定。

再次，帮助服刑人员解决生活上的各种困难。有些服刑人员没有家庭支持，在经济方面比较困难；有些服刑人员体弱多病，无法适应监狱生活。矫正社会工作者可以在法律允许的范围内，帮助服刑人员得到经济和医疗方面的帮助，符合规定的还可以帮助服刑人员申请保外就医。

最后，矫正社会工作者要协助监狱管理人员，预防服刑人员间犯罪观念和行为的交叉感染。违法犯罪人员混杂居住在监狱中，有些重犯、惯犯会对初犯、轻犯、青少年犯实施控制，施加不良影响。一方面，矫正社会工作者可以依据判决文书及心理、行为测评结果，配合监管人员对服刑人员进行严格的分类管理；另一方面，要提醒新近入监服刑人员保持行为端正，自觉抵御犯罪思想和行为的渗入。

2. 为服刑人员提供专业咨询服务

许多服刑人员之所以犯罪，是因为其思想观念、心理人格、行为模式、生活方式等方面发生了障碍和偏差。矫正社会工作者最重要的工作是为服刑人员提供思想观念、心理人格、行为模式、生活方式等方面的治疗和矫正性质的专业咨询服务，其内容包括公民教育、心理和情绪的辅导、职业技能训练、个人能力的提升等。通过这些方面的咨询，为服刑人员改变行为方式、重新融入社会奠定基础。

3. 帮助服刑人员加强与社会的联系

监狱的环境使服刑人员与社会隔离，因而达到惩戒和防止其再犯罪的目的。然而，多数服刑人员还需要重返社会。在监狱环境中，服刑人员的再社会化相对困难。所以，矫正社会工作者要帮助服刑人员加强与社会的联系。首先，帮助服刑人员了解外面社会的变化。可以通过邀请知名社会人士到监狱开讲座、做报告、开展文艺演出和体育比赛等方式，使在监服刑人员了解外面世界的信息。其次,帮助服刑人员加强与家庭的联系。通过组织家属探访、走访罪犯家庭、加强电话联系等方式,尽可能保持和加强服刑人员与其家庭的联系,利用家庭成员的帮助促使服刑人员的正面转化。最后,帮助服刑人员构建支持性的社会网络。例如,动员社会志愿人士与在监服刑人员建立结对帮教关系,为其日后重返社会构建良好的社会网络。

(三)社区矫正中的社会工作

社区矫正工作是矫正社会工作的重要组成部分,它包括对缓刑、假释、监外执行人员的观护,院舍训练的组织和管理,以及社会服务计划的执行。

1. 对缓刑、假释、监外执行人员的观护

缓刑是为使被判处短期自由刑或罪行轻微的违法犯罪人员免受入狱监禁的惩罚而设立的一种社区型的刑罚措施;假释是未达到刑期届满前的释放处分,是设施内处置向设施外处置的转变;监外执行是对某些在监服刑人员因特殊原因(如年老体弱、重病、怀孕)而暂予监外执行的措施。这几种刑罚措施都附有观察保护(简称"观护")的规定,要求缓刑、假释和监外执行人员在观护期内遵守规定。司法当局一般聘用专职社会工作者或志愿者执行对缓刑、假释和监外执行人员的观护。在观护期,观护人要督促被观护者保持良好品行,不得与品行不端者来往;服从检察官和观护人的命令;接受观护人的辅导;及时向观护人汇报工作、生活和居住状况,不经批准不得离开居住地等。

2. 院舍训练的组织和管理

院舍服务是通过向受助者提供住院或寄宿等训练机会,使受助者掌握正常生活的技能,从而顺利回归社会。矫正社会工作领域中的院舍训练,通常是为违法犯罪人员尤其是违法犯罪青少年而设置的,在不同国家和地区有不同的名称,主要包括:中途家庭,用于收容无家可归或有家不便归的违法犯罪人员,并通过各种社会服务活动,使其及早适应社会;寄养家庭,用于收容观护青少年,避免其沾染恶习,以及因缺乏家庭照顾而重新犯罪;教养院,用于收容具有不良行为和可能发展不良行为的青少年,通过生活指导、职业训练和学校教育,使之在较为自由开放的环境中得到改造,提高适应社会的能力;感化院,用于收容犯罪的青年和少年,通过6个月以上、3年以下的入院矫正训练,使之在心理和行为上都得到改善。

3. 社会服务计划的执行

社会服务,也称社区服务或社区劳役,是近年来西方国家较为盛行的一种替代短期自由刑的非监禁化的社会处遇措施,它通过判定违法犯罪人员在社区中的社会福利机构从事规定时间的无偿劳动或服务,以此赎罪悔过。在我国近年来进行的社区矫正试点工作中,组织矫正对象参加社区公益劳动,也具有社区服务或社区劳役的性质,但并不是一种独立

的刑罚措施或刑种。

社会服务计划的重点并不在于监督服刑违法犯罪人员做满若干小时的社区劳动，它主要的好处是通过从事公益劳动和服务，培养违法犯罪人员的劳动习惯和社会责任感。违法犯罪人员在服务过程中学会生产、生活技能以增强就业能力，在社会交往中学会处理人际关系的本领以增强社会适应能力，使违法犯罪人员的心理结构和行为方式发生正向的变化。

（四）刑满释放后的社会工作

刑满释放人员往往缺乏社会适应能力，还会遭受社会歧视、家庭拒绝、同伴疏远、就业困难、学习中断等多重压力和困扰，所以这部分人能否顺利渡过释放后的最初阶段，对于其今后的生活及社会安定关系重大。矫正社会工作者为刑满释放人员提供的服务也称为更生保护，这是一项起源于美国费城、面向刑满释放等人员的社会福利措施。其内容主要包括：为暂时不被家庭接纳或无家可归的刑满释放人员解决安身问题，同时在住宿中提供监管和辅导服务，帮助刑满释放人员顺利完成由监禁环境向开放的社会环境的过渡；为刑满释放人员提供就业和就学辅导，如工作技能培训、职业介绍、联系学校等；为刑满释放人员提供生活辅导和医疗保健转介服务，保证其健康生活；为刑满释放人员提供物质援助，帮助缺乏工作、生活物质条件的刑满释放人员发掘和利用社会资源，对其进行物质援助。

三、矫正社会工作的基本方法

矫正社会工作的方法主要包括改善矫正对象个人状况的社会工作方法和改善矫正对象社会环境的社会工作方法。在我国目前的实践工作中，主要进行的是社区矫正服务。

社区矫正，是指以社区为基础的矫正、治疗罪犯的措施，包括缓刑、假释、社会服务、中途之家等各种在社区执行的、非监禁性的刑罚制度。社区矫正是矫正社会工作者最主要的工作领域之一。社区矫正是与在监狱执行的"监狱矫正"相对的行刑方式，它将符合社区矫正条件的罪犯置于社区内，由国家专门机关在相关社会团体和民间组织以及社会志愿者的协助下，在判决、裁定或决定确定的期限内，矫正其犯罪心理和行为恶习，并促进其顺利回归社会。进入21世纪，社区矫正作为一种理念和制度被提上了我国刑事司法观念和制度改革的议事日程。

社区矫正的适用范围主要包括五种服刑人员：被判处管制的、被宣告缓刑的、被暂予监外执行的、被裁定假释的、被剥夺政治权利并在社会上服刑的人员。在符合上述条件的情况下，应将罪行轻微、主观恶性不大的未成年犯、老病残犯，以及罪行较轻的初犯、过失犯等作为重点对象，实施社区矫正。

社区矫正的主要任务包括：①按照我国刑法、刑事诉讼法等有关法律、法规和规章的规定，加强对社区服刑人员的管理和监督，确保刑罚的顺利实施。②通过多种形式，加强对社区服刑人员的思想教育、法制教育、社会公德教育，矫正其不良心理和行为，使他们悔过自新，弃恶从善，成为守法公民。③帮助社区刑满释放人员解决在就业、生活、法律和心理等方面遇到的困难和问题，以保证他们顺利适应社会生活。

开展社区矫正试点是一项综合性很强的工作，因此，人民法院、人民检察院、司法行政机关、公安机关、民政部门、劳动和社会保障部门要依法履行各自的职责，相互配合、相互支持，保证社区矫正工作的顺利开展。社区矫正的主要工作制度包括：接收制度、管理制度、教育制度、考核及奖罚制度、社会保障制度、解除制度、档案管理制度、监护制度、矫正组织的例会制度、矫正工作人员的培训制度等。矫正对象过去之所以犯罪，除自身的原因外，外部社会环境的影响也是不可忽视的因素。这些因素有贫穷、失业、居所肮脏、人口混杂、毒品泛滥、色情充斥、黑恶势力猖獗、社会风气低下等。在这样的社区居住生活，矫正对象迫于生活压力或难以抵制周围的诱惑，重新犯罪的可能性极大。所以要实现社区矫正的目标，除针对矫正对象个人的直接介入外，还应该对社区资源进行综合治理，以改善矫正对象的生活环境。

社区矫正的功能发挥要靠社区居民的共同参与，以形成有利于罪犯改过自新的社会氛围。但是，由于矫正对象过去的行为造成对社会和他人的伤害，社区居民对矫正对象还有戒备、恐惧、防范、排斥等情绪以及行为，这是很正常的现象。但是这些情况对于矫正对象而言，却是其融入社区成为正常社会成员的障碍。社区矫正工作者的一个重要的工作任务，就是通过社区教育的途径，改变居民对矫正对象的偏见，培育社区居民接纳、尊重矫正对象的意识和习惯，使矫正对象顺利回归社会。

案例

张某曾是一家私营企业的总经理，因犯诈骗罪被判处有期徒刑12年，剥夺政治权利3年。在监狱服刑10年后，张某获减刑出狱，作为被剥夺政治权利的人员，要在社区接受3年矫正。张某对剥夺政治权利期间的社区监管认识不足、配合不力，被认为是个抗拒监管的"刺头"。

社区矫正社会工作者小思接手张某的矫正任务后，认真阅读了张某的有关档案材料，并做了充分的准备。在第一次见面时，小思主动与张某握手。坐下后，小思没有例行公事地询问张某的姓名、年龄、犯罪事实、在监狱中的表现等基本情况，也不是照本宣科地告知其监管纪律、矫正计划安排等，而是关切地询问张某："刚才我握你的手觉得很凉，你的身体是不是有什么不适？"

张某在10年的监狱生活中，得了严重的风湿病和心脏病，刚过40岁看上去有50多岁的样子。出狱后，因为身体原因，一直找不到合适的工作，看病又要花钱，正处于十分烦恼的境况。刚出狱时，社区矫正工作人员并不关注张某的困难，只是一味地要求他端正态度、服从监管，使他十分窝火，但是因为身份地位的原因，张某只能把火窝在心里，而在行动上消极应付。

社区矫正社会工作者小思的第一个动作、第一句问话让张某受到很大的震动，这是10年来他很少受到的礼遇和关怀。心理上的防卫机制被打破，张某一下子变得爱说话了。

在不知不觉中,他向小思倾诉了在监狱中的生活和在社区中的遭遇,谈了自己的困难处境以及今后的打算,最后还表示希望今后能够经常与小思谈话聊天。

在上述案例中,社区矫正社会工作者小思虽然在第一次见面之前做了充分的准备,对张某的情况有了大致的了解,但是见面时的握手和问候却是基于社会工作基本价值观之上的感情的自然流露,并不是预先设计好的"表演"。这种平等、关怀的情感表达显然被张某所接受,使他一贯应付甚至抗拒的态度有了很大的改变。这是因为在过去长期的监狱生活中,张某与监管人员始终维持着"下"与"上"、"从命"与"管教"的关系,从来没有奢望过平等和尊重。因此,出狱后,张某还是用10年监狱生活的经验来处理与社区矫正社会工作者的关系。却不料,社区矫正社会工作者小思的行为打破了张某对社区矫正工作关系的预设,他也渴望能够获得受尊重的地位和待遇。可见,良好工作关系的建立并不纯粹是一种工作技巧,它更是社会工作专业价值观的魅力体现。

矫正是一个长期的工作过程,矫正社会工作者需要协助矫正对象解决许多复杂和艰难的问题,诸如服刑态度的端正问题、矫正计划安排的配合问题、心理和行为方式的改变问题、学习和工作的安排问题、基本生活的保障问题、身体疾病的治疗问题、家庭关系的调适问题、社会交往的恢复问题、重新犯罪的预防问题等。这些问题很难在短时期内全部解决,所以矫正社会工作者必须引导矫正对象共同参与,有重点、分步骤地制订矫正工作计划,逐步实现矫正工作的最终目标。

上述案例中的矫正对象张某,出狱后面对的问题一大堆:严重的风湿病和心脏病需要花钱治疗;判刑后主动要求与妻子离婚,并把房子留给了妻子、儿子,出狱后只能与年迈的母亲和兄嫂住在一起;几次求职被拒,生活靠母亲微薄的退休金维持,在家中感到抬不起头来;长期没有与儿子共同生活,父子间的交流缺乏感情基础;妻子有意与其复婚,张某也希望一家人共同生活,但又怨恨当初妻子同意离婚,心情十分矛盾;过去的商界朋友有意与他联络,也想帮助他解决一些经济上的困难,但他看着过去财力和经营不如他的人超过自己,自尊心让他不愿接受别人的"施舍";对自己过去的犯罪事实有一定认识和悔过,但认为已经入狱10年做出了补偿,对剥夺政治权利期间的社区矫正监管措施有抵触情绪等。

了解张某的上述困难和想法后,社区矫正社会工作者小思引导张某一起分析,什么是当前最迫切需要解决的问题,最后确定的第一阶段工作计划包括三项任务:第一,按照社区矫正制度要求,定时定点汇报思想和生活动向,参加社区公益劳动;第二,申请最低生活保障金和医疗优惠待遇;第三,尽快寻找合适工作,取得适当的经济收入。至于其他的住房问题、婚姻家庭问题、社会交往问题等,留待将来经济状况稍有好转后再逐步解决。

接下来的工作中,社区矫正社会工作者的工作重点是:通过宣传社区矫正制度的意义及措施安排,使张某提高认识,服从监管;通过整合社区资源,帮助张某了解国家的福利政策,使其主动申请和获得最低生活保障与医疗保障;帮助张某端正就业观念,克服不切实际的就业期望,通过自主创业的途径解决就业难问题。由于工作计划有重点、分步骤,符合矫正对象的实际,所以得到矫正对象的支持和配合,取得了良好的效果。

第七节 社会救助社会工作

一、社会救助与社会救助社会工作的含义

社会救助是社会工作中的一个重要领域，它主要依托于社会救助制度和政策，面向生活困难的个人、家庭和群体，开展以济贫、解困、扶危为主要内容的救助活动。它是指当社会成员因个人原因、自然原因或社会原因致使基本生活难以维持时，由政府和社会对其提供基本物质保障的救助制度。社会救助是社会保障体系的重要组成部分，是得到国家立法保障的基本公民权利之一。社会救助的概念随着社会的发展不断变化，它涉及经济、文化、政治等各个领域，是一个复杂和综合的制度体系。

在现代国家，对困难人群的救助是政府和社会的共同责任。社会救助是当公民不能维持最低限度生活标准时才发挥作用的。通常，社会救助的标准是满足救助对象的最低生活需要，仅以维持公民的基本生存为限。

现代国家的社会救助普遍具有以下特点：一是社会救助权利和义务的不对等性。当社会成员因为个人、社会或者自然原因陷入贫困，仅仅依靠自身和家庭的力量无法解决风险和摆脱贫困时，国家通过社会救助手段向他们提供物质上的帮助，这种救助是无条件的。二是救助对象的有限性。只有符合了家庭人均收入低于国家法定贫困线以下的条件，才可以享受社会救助待遇。三是救助水平的低层次性。社会救助的目的是帮助处于生活困境的社会成员维持最低的生活水平，是最低层次的社会保障制度，并不以提高生活水平和改善生活质量为主要目标。四是救助手段的多样性。有现金救助、物质救助、临时性的救助或长期的固定的救助，有常规性的救助，也有特殊的救助，还有一些通过专业人员，如社会工作者、心理咨询师针对救助对象的精神层面、个人能力、心理问题等开展的救助。五是社会救助资格审查的严肃性。申请社会救助的社会成员需要向当地社会救助相关管理部门提出申请，社会救助管理部门进行审核后报送上一级部门进一步审查才能确定救助资格。

社会救助社会工作是指在社会救助领域中，社会工作者根据社会救助的性质与特点，以社会工作价值理念为指导，以社会工作的专业理论为依据，采用社会工作专业方法与技巧，为社会救助对象提供专业服务的过程。这个过程包括物质方面的社会救助、精神方面的提升以及社会功能的恢复。社会救助社会工作是社会工作实务的重要领域，是社会救助的具体实施过程。社会救助社会工作是社会救助与社会工作的融合，既要依据社会政策对困难群体进行救助，又要采用社会工作的专业方法拓展救助的范围、延伸救助的含义、巩固救助的效果，将物质救助与精神救助结合起来。

二、社会救助社会工作的主要内容

社会救助社会工作的主要内容包括以反贫困为主的基本生活救助、专项救助、灾害救助和流浪乞讨人员救助等。

（一）以反贫困为主的基本生活救助

基本生活救助的主要工作目标是救助城乡贫困的个人、家庭和群体，解决和缓解贫困状况。基本生活救助在城市主要是指城市居民最低生活保障制度，在农村主要是指以"五保"供养为主的救助形式。

在这个过程中，社会工作者主要是参与社会救助政策的制定、实施与评估和进行社区层面的社会救助。

随着我国贫困人口和贫困问题的不断发展变化，需要对制度和政策进行适时的修订和调整，需要对社会救助没有覆盖的空白进行填补。社会工作者的社会责任之一就是参与社会政策的制定，促进社会的公平发展。救助领域的社会工作者熟悉工作对象的生活状况，了解政策对于贫困家庭的影响，清楚贫困群体的需求，是社会政策与救助对象之间的连接纽带。因此，社会工作者参与社会救助政策的制定将有利于政策的科学性和公平性，并在更大范围内促进反贫困事业的发展。评估是对救助政策合理性和实施的公平性的检验，是促进政策更加科学和完备的重要手段。我国的社会救助政策正向着综合的、制度化的方向发展，救助政策的目的、手段和救助主体都发生了很大的变化。社会工作者通过对救助政策的评估，可以指出政策的不足之处，为政策的修订提供依据和指标体系。

社区是社会救助的主要平台，是困难群体主要生活和赖以生存的场所。许多与困难群体相关联的政策都在社区层面实施，如社会保障的社会化管理、最低生活保证金的申请和发放、针对弱势群体的社区服务等。以反贫困为主旨的生活救助在社区层面的实施体现在两个方面：一是提供物质帮助，给予贫困个人和家庭所需现金和物质援助以及一些服务支援；二是提供就业机会，为贫困家庭的发展创造条件，使其减少并逐步脱离对社会救助的依赖。在社区救助中，要注意整合社区资源，建立邻里支持的网络，共驻共建，资源共享。社会工作者要善于联系各个单位，注重发掘资源，充分调动驻区单位和企业的社会责任感，为社区困难群体的生活改善创造条件。在这个过程中，要积极联合社会组织的力量。社区层面的社会组织比较多，有居民自治组织，有非政府组织，有各个委、办、部、局下属或者联系的组织，有兴趣类组织，有公益组织，还有一些提供专业服务的组织。如果社会工作者能够充分利用这些组织资源，就能够为社区困难群众争取到更多的救助机会。

（二）专项救助

1. 教育救助

对于因为家庭贫困而无法入学的学生进行一定的教育救助是专项救助社会工作的内容之一。在这类救助工作中，社会工作者的工作主要包括：通过参与政策制定，促进政府参与教育救助，加大投资力度；动员社会力量参与教育救助，整合社会资源；针对学生个人需求，分层分类给予救助。

2. 医疗救助

目前，在城乡贫困人口中，有很多是因病致贫。社会工作者主要的工作是寻找医务社会工作者与社会求助的结合点，起到低收入家庭的患者与医疗机构、救助机构之间的协调和连接作用。此外，还要参与救助政策的制定，促进医疗救助程序的不断优化。医疗救助对于贫困群体维持健康、提高生命质量是非常重要的保障，社会工作者需要积极促进救助政策的制定和完善，规范申请的程序，提高救助的效果。

3. 住房救助

住房救助是由政府直接投资建造或者以一定的优惠政策鼓励投资方建造住房，并以较低的价格向低收入家庭出售或出租的制度。很多低收入者维持生活都很困难，更没有可能获得住房或者改善自己的住房条件。通过不同形式的住房救助政策，可以帮助贫困群体在一定程度上缓解和解决住房问题。在这方面，社会工作者可以帮助贫困群体熟悉政策和程序，申请住房救助，还可以参与住房救助的管理和监督，建立有效的相关机制。

（三）灾害救助

自古以来，灾害救助一直是救助工作的主要内容。在灾害救助社会工作中，社会工作者的工作重点是灾害紧急救援和灾区重建。

1. 灾害紧急救援

当发生重大自然灾害，如洪水、地震、山体滑坡、火灾时，社会工作者要紧急救援，转移群众，保护生命，减少人员伤亡和财产损失。灾害伴随正常生活秩序的破坏，受灾人员往往会面临基本的生活困难。社会工作者应当协助政府部门，统筹安排社会救助生活物资，解决灾民的吃饭、穿衣、住宿、饮水、医疗等基本生活问题。此外，因为遭受意外的生命或财产损失，灾民的精神和心理都承受着巨大的压力，社会工作者应当安抚灾民情绪，及时对他们进行心理疏导。

2. 灾区重建

我国的灾后恢复重建工作实行"政府统一领导、部门分工负责、地方分级管理"的方式。在这种管理体制下，社会工作者应采用社会工作的理念和方法，在地方政府统一领导下，组织协调社区人居环境的恢复重建，加快恢复社区正常的社会生活秩序。对于遭到破坏的社区生产、生活等经济系统，社会工作者也要起到协调作用，促使其尽早恢复正常。

（四）流浪乞讨人员救助

2003年国务院公布、实行了《城市生活无着的流浪乞讨人员救助管理办法》，确立了自愿受助、无偿救助的原则。同年，民政部颁布了《城市生活无着的流浪乞讨人员救助管理办法实施细则》，对开展救助进行具体指导。流浪乞讨救助社会工作自此有了明确的法律法规。

在流浪乞讨救助社会工作中，社会工作者的工作内容如下所述。

①救助机构的建立与管理。救助机构是指分布在城市各处的流浪乞讨人员救助站和救助中心等专门的机构和设施。2006年7月民政部印发了《救助管理机构基本规范》和《流浪未成年人救助保护机构基本规范》，明确了救助管理工作中的服务内容、评价指标、工作流程、机构设置、岗位资质等方面的标准。在这类机构中，社会工作者要积极引入专业方法，提高管理效能。

②对流浪乞讨人员的个别化服务。社会工作者对流浪乞讨人员的个别化服务包括街头救助和全天候救助。街头救助就是借助救助巡逻车和救助亭对街头的流浪乞讨人员实施救助。全天候救助就是各个城市的救助站24小时开放接待流浪乞讨人员。此外，在救助机构中，除了对流浪乞讨人员给予物质上的救助，还要对其进行教育，对其行为和思想进行疏导，消除其懒惰和依赖社会的想法，纠正偏差行为，帮助他们走出困境。

③对流浪儿童的救助。通常将年龄在18岁以下、脱离家庭或其他监护人，在外游荡超过24小时且无可靠生存保障，并最终陷入困境的人称为流浪儿童，他们是流浪乞讨人群中的弱势群体。针对流浪儿童，社会工作者应该从预防和救助两个方面着手。在预防方面，社会工作者要动员社会力量，预防流浪儿童的出现，要从社会、家庭、个人三个层面分析流浪儿童产生的原因，减少流浪儿童的数量。在救助方面，针对未成年人的特点，建立全方位的救助体系，包括从物质救助到教育救助，从机构救助到逐步回归家庭，对于因暴力和歧视等原因所导致的流浪儿童，社会工作者要跟踪服务，保证未成年人的权益不受侵害。

三、社会救助社会工作的主要方法

社会救助社会工作的主要方法包括个案工作、小组工作、社区工作、社会工作行政和社会工作研究等。其中，个案工作和小组工作是直接面对工作对象的工作方法，而后三种是间接的工作方法。在实际工作中，这些方法常常结合使用。

（一）针对困难居民的个案工作

在运用个案工作方法服务困难居民时，主要分为以下几个阶段。

①全面接触困难居民，深入了解其问题和需求。这是社会工作者开展工作的第一步。社会工作者要和前来寻求救助的工作对象进行初步的接触，询问工作对象的问题和需求，了解工作对象的社会支持和社会资源的拥有情况。在接触的时候，社会工作者要重点建立与工作对象之间的信任关系，在接触中了解工作对象求助的过程和意愿。工作对象如果积极寻求帮助，对自己的需求比较明确，社会工作者就容易了解更多的信息，有利于建立专业关系。

社会工作者建立与工作对象之间的信任关系，一方面，要尽可能多地了解服务对象的各种背景资料，了解其是否存在特殊困难，如精神或者身体方面是否有残疾，或者工作对象是不是两劳释放人员，以及家庭结构是否存在特殊性等。为掌握更多的背景资料，社会工作者要多走访社区、街道办事处、社区派出所等基层组织和机构，通过居民、工作人员来了解工作对象更多的情况。另一方面，对服务过程要充分准备，并善于同服务对象会谈。社会工作者要善于和服务对象沟通，这对于建立专业的关系是极为重要的。社会工作者要认真听取服务对象对自己状况的表述，并给予恰当的鼓励，使工作对象能更好地倾诉和表达。同时，社会工作者要敏锐地观察和感受工作对象的反应，并予以积极的、及时的回应。

②确定服务对象的需要，研究提供服务的方式。社会工作者要根据工作对象的具体需求确定服务内容。在这个过程中，首先要确定自己的机构是否能够解决工作对象提出的问题，还要明确对于服务对象的帮助是不是符合现实条件。

③考虑工作方法，制订工作方案。社会工作者在明确工作对象的需求后，就要和工作对象一起商讨下一步可以开展的工作，并制订相应的工作方案。在制订方案时，要根据"最容易接触、最容易改变、最容易产生影响"的原则选取恰当的目标。针对这个目标，确定适宜的工作方法，逐步实施规划。

④及时评估工作过程和效果。通过评估，可以了解已经进展的程度、确定下一步的工作方法和方向。社会工作者可以通过服务对象的口头报告与对其行为的观察进行评价，也可以使用一些已经成形的比较科学的量表，测量工作对象对一些问题的看法和状态等。例如，自我概念量表、人际关系量表、婚姻满意度量表、个人问题清单等。还可以进行家庭访问和社区走访，亲自去工作对象家里访问、查看，这样才能获得最直观的感受和资料。

⑤总结并结束工作。在工作结束的时候，社会工作者最主要的任务就是处理服务对象的情绪。如果服务对象对社会工作者提供的服务比较满意，需要处理的是正向的情绪，如感激、满意、自信等；相反就是负面的情绪，如悲伤、失落、痛苦等，服务对象在行为上表现出对社会工作者的过分依赖，或者过去的毛病又反复出现，或出现新的问题等。

社会工作者要知道结束是一个过程，需要提前有计划地为结束工作做准备。一是要对已经完成的工作进行回顾；二是要对服务对象的收获和能力进行总结，让服务对象明白在现实的和将来的生活中，他所掌握的方法和技巧对自己是有帮助的，而自己的能力也在这次工作过程中得到了锻炼和提高；三是鼓励服务对象表达开放性的意愿；四是帮助服务对象确定自己的、家庭的发展目标，巩固工作成果。

（二）针对困难群体的小组工作

小组工作是社会工作的方法之一，它利用小组来应付和解决个人的社会心理功能性方面存在的问题，预防问题的产生，或者保持一种功能性水平，防止问题的进一步恶化。在社会救助社会工作中，社会工作者可以为困难群体和低保家庭开展小组活动，组建一些具有发展性、支持性的小组。

在小组工作初期，社会工作者要根据服务对象的需求，考虑小组的目标、规模、性质以及举行的时间、次数、场地等具体的问题，也可以和一些目标成员提前接触，建立专业关系。小组成员进行第一次会谈后，即进入小组聚集期。在这个时期，社会工作者要帮助组员了解小组的期望和小组的目标，及时纠正少数组员的抗拒、疏离、过度依赖等心理。如果小组成员开始和其他人互动、沟通，逐渐建立起良好的人际关系，小组成员在小组活动中的角色出现分化，小组的规范也开始形成，并且朝着小组目标前进，那么这个时期就可视为小组形成期。这个阶段，社会工作者要鼓励成员正视问题，讨论解决问题的方法。经过冲突、协商、整合之后，小组的归属感和凝聚力增强了。在组员可以自己处理问题后，经过社会工作者的评估，就可以结束小组活动。

（三）针对困难群体的社区工作

社会工作者进入贫困社区后，主要的工作内容是为整个社区的居民提供服务，争取居民集体权益，改善社区社会和经济条件，提高居民的整体素质和能力，创造适合居民生活的社区环境。

在进行社区工作时，要注重人的发展，包括居民意识的提升、参与意识的培养、解决贫困问题能力的提高等。社会工作者根据社区的实际情况制订救助和发展的目标。社区居民参与社区活动的程度是衡量社区工作成功与否的重要标志，社区居民之间的互助有利于培养居民的凝聚力和归属感。社会工作者要为居民参与社区活动创造条件和机会，并倡导居民之间的互助行为。

社区社会救助工作的主要模式有地区发展、社会策划、社会行动等，一般采用多种模式综合运用的方法。地区发展模式以社区为基础，强调居民共同参与，强调有效利用和整合资源，以及以自下而上的民主方式决定社区事务和发展方向；社会策划模式强调解决社区内部的实质性问题，在这种模式中社会工作者对社区问题的认识起到了主导作用；社会行动模式强调社区居民的参与，认为社区状况的改善是社区居民协同合作的结果。此外，社会工作者还要着眼于大的社会环境的改善、制度和政策的完善，发展社会网络，争取社会资源，提高社区自我发展的能力。

参考文献

[1] 刘淑娟，张海娜. 社会工作概论 [M]. 长春：吉林大学出版社，2015.

[2] 黄菡. 社会工作 [M]. 南京：东南大学出版社，2005.

[3] 孙建春，李学举. 社会工作 [M]. 北京：中国社会出版社，2009.

[4] 徐琼，郁文欣. 老年社会工作理论与实践 [M]. 沈阳：东北大学出版社，2015.

[5] 何雪松. 社会工作理论 [M]. 2版. 上海：格致出版社，2017.

[6] 简春安，赵善如. 社会工作理论 [M]. 上海：华东理工大学出版社，2018.

[7] 王利敏，孟莉. 社会治理视野下的社会工作发展 [M]. 石家庄：河北人民出版社，2015.

[8] 李迎生. 社会工作概论 [M]. 3版. 北京：中国人民大学出版社，2018.

[9] 王思斌. 社会工作导论 [M]. 北京：高等教育出版社，2004.

[10] 王思斌. 社会工作概论 [M]. 北京：高等教育出版社，1999.

[11] 刘庆龙. 中国社会工作 [M]. 郑州：河南人民出版社，2002.

[12] 万仁德. 社会工作导论 [M]. 武汉：华中科技大学出版社，2006.

[13] 陆士桢，任伟，常品晶. 儿童社会工作 [M]. 北京：社会科学文献出版社，2003.

[14] 朱眉华，文军. 社会工作实务手册 [M]. 北京：社会科学文献出版社，2006.

[15] 顾东辉. 社会工作概论 [M]. 上海：复旦大学出版社，2014.

[16] 张文霞，朱冬亮. 家庭社会工作 [M]. 北京：社会科学文献出版社，2005.

[17] 夏学銮. 社会工作的三维性质 [J]. 北京大学学报（哲学社会科学版），2000（1）.

[18] 夏学銮. 论社会工作的内涵和外延 [J]. 萍乡高等专科学校学报，2000（2）.

[19] 何惠珍. 论我国社会保障制度的改革 [J]. 西南民族学院学报（哲学社会科学版），2002（9）.

[20] 陆士桢. 简论中国儿童福利 [J]. 华中师范大学学报（哲学社会科学版），1997（6）.

[21] 柴定红，熊贵彬. 社会工作专业化的一种理论解释 [J]. 中国青年政治学院学报，2009（1）.

[22] 朱靓琳. 关于儿童游戏治疗的论述 [J]. 吉林省教育学院学报（上旬），2012（9）.

[23] 袁光亮. 美国家庭社会工作及其启示 [J]. 华北电力大学学报（社会科学版），2011（5）.

[24] 王思斌，陆士桢. 社会工作专题讲座 第十讲 儿童社会工作 [J]. 社会工作上半月（实务），2009（3）.

[25] 张利英. 老年痴呆症的预防及康复指导 [J]. 护理实践与研究，2012（6）.

[26] 许佃兵. 当代老年人心理发展的主要矛盾及特点 [J]. 江苏社会科学，2011（1）.

[27] 鲁静章. 老年小组工作在老年人退休生活适应性问题中的应用研究 [D]. 兰州：西北师范大学，2012.